D1569422

10/10

La Vaca

para Jóvenes

Dr. Camilo Cruz
Richard Cruz

La Vaca
para
Jóvenes

Una nueva
generación libre de
excusas y limitaciones

TALLER DEL ÉXITO

La Vaca para Jóvenes

Taller del Éxito Inc.
1669 N.W. 144th Terrace, Suite 210
Sunrise, Florida 33323
Estados Unidos
Tel: (954) 846-9494
www.tallerdelexito.com

Editorial dedicada a la difusión de libros y audiolibros de desarrollo personal, crecimiento personal, liderazgo y motivación.

Diseño y diagramación: Diego Cruz

ISBN 13: 978-1-60738-034-4
ISBN 10: 1-607380-34-X

Printed in the United States of America
Impreso en Estados Unidos

Primera edición

10   11   12   13   14   E|UH   05   04   03   02   01

Índice

Agradecimientos:

Este es, sin duda, el libro más importante que he escrito. ¿La razón? Con frecuencia escuchamos que los jóvenes son el futuro del país. Sin embargo, ellos son mucho más que eso. En sus manos se encuentra el destino del planeta y de este gran universo. Son nuestros futuros presidentes, líderes, emprendedores, artistas, descubridores, padres y maestros. Nuestro éxito mañana depende de nuestra habilidad para formar hoy una nueva generación, libre de excusas y limitaciones.

Richard, mi hijo, es co-autor de esta obra, no sólo por el gran trabajo que realizó en la extensa etapa de investigación, o por el admirable aporte en la composición de muchos de los apartes más trascendentales de la misma, sino porque me ha otorgado el mayor de todos los honores a los que un hombre puede aspirar: ser padre. Gracias por tu ayuda, entusiasmo e inspiración. Sin ellos, esta obra no hubiese sido posible.

También quiero agradecer a mi esposa Shirley y a mis hijos Richard Alexander, Mark Anthony y Daniel Sebastián porque cada día me enseñan lo que es vivir una vida libre de excusas y limitaciones. Su amor y apoyo incondicional son el continuo recordatorio que en esta tarea de ser esposo y padre siempre seré sólo un estudiante.

Gracias a todos los profesores, padres, consejeros, sicólogos y estudiantes que soportaron mis repetidas consultas, y enriquecieron esta obra con sus excelentes aportes, anécdotas y experiencias, de manera que fuese lo más cercana posible a la realidad que viven los jóvenes hoy en día.

A los cientos de lectores de mi libro, "La Vaca", que desde más de 30 países compartieron conmigo muchos de los retos, desafíos, excusas, pretextos y justificaciones que utilicé como ejemplos, a lo largo de esta obra.

A todos los miembros de "El Taller del Éxito" por su actitud inquebrantable. Lo que he podido hacer es gracias a su apoyo y dedicación. "La Vaca para Jóvenes" es un brindis al compromiso de este fantástico equipo de trabajo. Gracias.

A mi madre, Leonor Saldaña de Cruz, quien con mucha paciencia leyó y releyó el manuscrito, haciendo contribuciones que sólo una persona que dedicó más de treinta años la Educación y la Enseñanza, hubiera podido realizar. Una vez más, es claro por qué ella es la mamá y yo el hijo.

A la mejor editora y correctora de estilo, mi gran amiga Nancy Camargo Cáceres. Sus extraordinarias aportaciones lingüísticas, las largas horas de consulta y sus maravillosos comentarios enriquecieron esta obra más allá de lo que sólo mis palabras hubiesen podido hacerlo.

El reloj marca las cuatro y siete minutos de la tarde en el salón de clase del profesor William Escalante, donde un grupo de jóvenes entre los catorce y diecisiete años de edad, provenientes de los únicos cuatro colegios de la pequeña ciudad de Parkville, acaba de recibir una tarea que cambiará por siempre el curso de sus vidas.

Capítulo Uno

El gran desafío

El salón de clase de la Academia Abraham Lincoln donde el profesor Escalante usualmente dicta su clase de sicología se encuentra ahora en absoluto silencio; algo inusual en aquella sala donde habitualmente transcurren algunas de las clases más animadas y bulliciosas del colegio. Sin embargo, esa tarde, cuando el profe Willy, como lo llaman afectuosamente sus alumnos, cerró la puerta tras de sí, fue como si el recinto hubiese quedado vacío. Nadie sabía qué decir.

Dentro, diez jóvenes se encuentran tumbados sobre las sillas, que han sido dispuestas en forma de círculo, sin saber cómo responder a la tarea que se les acaba de asignar. La expresión de agotamiento en sus caras hace evidente el cansancio de la jornada escolar que recién termina. Sus mentes parecen estar ya en otro lugar, muy distante de allí.

El reloj ya marca las cuatro y veintitrés minutos y, lejos de disminuir, la apatía parece ahora haberse acentuado. Algunos miran al techo o al piso, tratando de evitar cualquier contacto visual con los demás; otros apoyan la cabeza sobre la mesa o juegan nerviosamente con sus manos, incapaces de ocultar su disgusto. Dos de las chicas intercambian miradas de complicidad ante la obvia inmadurez de los muchachos para lidiar con la situación.

William Escalante suele tener este efecto en sus alumnos. Es uno de esos profesores que anda sin titubeos y dice las cosas tal como son. Sus clases no son las más fáciles pero sí las más concurridas, quizás porque busca entender a sus estudiantes y no solamente ser escuchado, porque los ve, no como son, sino como pueden llegar a ser, y los reta a pensar y a cuestionarse más allá de sus deberes escolares, aunque a veces es Escalante quien parece tener más fe en la capacidad y talento de sus estudiantes, que los que ellos mismos suelen tener. Por esta razón, en su trabajo, utiliza sus habilidades como estratega o porrista, según lo requiera la ocasión, con tal de asegurarse que aprendan y apliquen los principios necesarios para triunfar en el juego de la vida.

Recién egresado de la universidad, cuando apenas tenía 29 años de edad, Escalante había tomado la decisión que sería un maestro de aquellos que inspiran a sus alumnos a dar lo mejor de sí; se propuso ser uno de esos profesores a los que sus estudiantes recuerdan aún varias décadas después, como una de las personas que influyó positivamente en sus vidas. En los diez años que llevaba enseñando en la Academia Lincoln –trabajo que aceptó a los seis días de haberse graduado de sicólogo—cientos de estudiantes habían visto sus vidas transformadas como resultado de sus consejos y enseñanzas.

Esta era la segunda vez que Escalante organizaba la actividad que tenía a aquel grupo tan desconcertado y molesto. La idea había surgido tiempo atrás, durante el trabajo de investigación para su tesis de grado, pero sólo hasta el año anterior había logrado ponerla en marcha. El objetivo consistía en que fueran los jóvenes mismos quienes se involucraran en la proposición y desarrollo de soluciones prácticas a los retos más difíciles que enfrenta la juventud actual.

La primera vez sólo participaron los alumnos de último grado de la Academia Lincoln. Esta vez, una colega suya le sugirió integrar a estudiantes provenientes de los diferentes grados de escuela secundaria de los cuatro colegios de la ciudad. A él le pareció una idea fantástica; ahora, el reto era lograr convencer a los jóvenes de lo mismo.

El resultado fue un grupo heterogéneo que parecía tener poco y nada en común. A sus 17 años de edad, Gabriela Martin es la mayor del grupo, y pese a que recién comienza su último año en la Academia Lincoln, acaba de ser elegida como presidenta de la clase. "Asertiva", "carismática", "con grandes dotes de liderazgo", fueron algunos de los calificativos utilizados por varios de sus compañeros de clase al referirse a ella, durante las recientes elecciones de los miembros del consejo estudiantil en las que salió electa.

A su lado se encuentra Andrew Stillman, un muchacho reservado y algo escuálido que cursa décimo grado; uno de esos chicos cuyo mayor interés en la escuela es tratar de pasar desapercibido –quizás por ello toma más tiempo de lo usual para entrar en confianza—. En el desarrollo de esta actividad ellos *juegan de locales*, aunque el hallarse en su propio colegio, de momento no parece estar facilitándoles las cosas o proporcionándoles ninguna ventaja apreciable.

Verónica Aguilera y Jennifer Blum vienen en representación del colegio John F. Kennedy. Con sus tres mil seiscientos estudiantes, esta es una de las escuelas públicas más grandes del condado. Verónica, una chica algo tímida y callada, cursa noveno; las dinámicas de grupo suelen ponerla nerviosa, lo que hace que prefiera trabajar sola, mientras que Jennifer, quien está un grado más adelante, por el contrario, es efusiva y sociable, además de ser una de esas declaradas adictas al internet.

En la ciudad sólo hay un colegio privado de carácter religioso, el Juan Pablo II. Allí estudian tres de los jóvenes: Julia, John y Richard. Julia O'Connor, la más joven del grupo, es dedicada y excesivamente organizada; hija única de una familia conservadora que valora mucho el esfuerzo y la excelencia. John Alexander Rizzo, un muchacho de origen italiano, algo melancólico y poco asertivo, cursa su penúltimo año. Él y Julia se han visto un par de veces en el patio del colegio, pero nunca han cruzado palabra; Richard Romero, quien está en onceavo y es el más extrovertido del grupo, completa el trío. En un colegio de apenas 845 estudiantes, su simpatía y buen sentido del humor lo hacen popular y le han dado fama de ser comediante por excelencia.

Los tres estudiantes que conforman la delegación del Colegio Público Eleonor Roosevelt son una muestra de la diversidad cultural, no sólo de aquella institución, sino de la ciudad en general.

Sophia Evans, quien a sus 15 años, exhibe la madurez de una chica de 20, está en décimo grado. Su madre es jamaiquina y su padre un puertorriqueño nacido en el Bronx. Mathew Wang está en once; su familia, oriunda de Yangshuo, una pequeña población en el sur de la China, se mudó hace poco a Parkville, proveniente de la ciudad de Seattle en el estado de Washington.

Albert López, el tercer estudiante del "Roosevelt High", quien junto con Gabriela son los únicos del grupo que cursan último año, pertenece a la tercera generación de una familia mejicana que vivió mayormente en el estado de Texas, pero que después que él terminó su escuela primaria, decidió mudarse a la costa este del país en busca de mejores oportunidades de trabajo.

Ese era el grupo.

Escalante levantó la mirada del libro que hojeaba y le echó un vistazo al viejo reloj que, con su tic-tac interminable, anuncia el vertiginoso paso de los minutos: *las cuatro y media en punto.*

El silencio reinante en el salón comienza a preocuparle.

Su oficina se encuentra contigua al salón de clase, lo cual le permite escuchar con relativa claridad lo que ocurre en su interior. De momento, la extraña quietud que alcanza a percibir es señal inequívoca que la disposición de los chicos hacia la tarea asignada no está mejorando ni va a mejorar por sí sola. *Quizás es hora de darles un "empujón" que estimule el diálogo*, piensa y sonríe. Sin embargo, cuando se dispone a levantarse de su silla, la calma se rompe de manera súbita.

"¡No es justo!", gritó Albert, sin querer disimular su descontento, "ese profesor no nos puede obligar a hacer esto". Algunos de los jóvenes se miraron de reojo esperando que alguien más secundara lo dicho, lo cual, sin lugar a duda, provocaría más reacciones, sabiendo que con tres o cuatro personas en desacuerdo con el proyecto, ya podrían ir al profesor y decirle que el 30% del grupo se oponía a participar en aquella dinámica.

Las instrucciones habían sido claras: a menos que hubiese un motivo de fuerza mayor que impidiera la participación de algún estudiante, la única manera de evitar ser parte de esta experiencia era si al menos el 30% se negaba a colaborar. En tal caso, todos los disidentes podrían marcharse y serían reemplazados por otros estudiantes. ¡Pero una o dos personas inconformes no era suficiente!

Lejos de provocar la reacción esperada, la rabieta de Albert había sido recibida con un silencio ensordecedor; los más cautos se abstuvieron hasta de respirar por temor a que el menor gesto llamara la atención hacia ellos y se vieran forzados a expresar su opinión.

A pesar que algunos se conocían entre sí, era obvio que las condiciones en que debían trabajar no eran las más óptimas. Después de todo, no asistían a la misma escuela, las diferencias en edad eran apreciables y el grupo estaba compuesto por hombres y mujeres. Todo eso hacía de esta, una propuesta que los colocaba, a todos por igual, en una situación de gran vulnerabilidad. No había campo para equivocaciones embarazosas, comentarios débiles o posturas frágiles.

Todos saben que en situaciones como esta, reina la ley del más fuerte: o comes o te comen. Por su parte, los chicos saben que en presencia de jovencitas, no se puede dar señal de debilidad porque hasta tus mejores amigos te engullen de un sólo bocado y se vuelven contra ti si creen que el hacerlo les hará ganar puntos con el sexo femenino.

Así que lo mejor era permanecer en silencio. El mismo Albert reconoció lo precipitado de su reacción y volvió a callar. Gaby, que se encontraba exactamente frente a él, al otro lado de la sala, no entendía cuál era el inconveniente, todo lo que debían hacer era reunirse una o dos veces por semana durante los próximos dos meses y preparar una presentación. *Además* –pensaba ella– *el tema tenía su atractivo: "Los grandes retos que enfrentaban los jóvenes en el mundo actual".*

Los resultados de su trabajo iban a ser presentados durante la celebración del Día de Internacional de la Juventud, que se llevaría a cabo en la sala principal de la alcaldía.

A partir del año 2000, la asamblea general de las Naciones Unidas declaró el 12 de agosto como "Día Internacional de la Juventud", dedicado a examinar la labor y el papel que cumplen los jóvenes dentro de la sociedad. Desde esa fecha, algunos colegios del estado realizan distintos eventos con el propósito de involucrar a la juventud en un intercambio de experiencias, comentarios, inquietudes y recomendaciones, con el ánimo de incluir sus retos y expectativas como parte integral del proceso educativo.

"Yo creo que lo que tenemos que hacer es comenzar a trabajar en esto y dejar de perder el tiempo", dijo Gaby, exasperada con la actitud de Albert. "Entre más rápido empecemos, más rápido terminaremos".

"Eso es muy fácil de decir para ti", repuso Mathew, "después de todo, el profesor ese trabaja en tu colegio. Ya sabemos quién va a ser su favorita".

"Deja de decir estupideces", repuntó Gaby lanzándole una mirada fulminante que lo puso en su sitio.

"¿Me estás llamando estúpido?" respondió tímidamente el chico tratando de salvaguardar su honor frente a los otros muchachos.

"No, pero lo que estás diciendo es una majadería", repuso Gaby, dispuesta a llevarse la última palabra.

"Yo estoy de acuerdo con que debemos empezar de una vez por todas", interpuso Andrew, "y no es porque el profe Willy sea el sicólogo de mi colegio, sino porque realmente pienso que si le dan una oportunidad, todos ustedes se van a dar cuenta que es una buena persona".

El profesor Escalante —que había estado observando desde la puerta sin que ellos se percataran de su presencia— aclaró su garganta como para anunciarse y rápidamente caminó hacia el centro del grupo.

"Bueno jóvenes, me imagino que ya habrán tenido suficiente tiempo para saludarse y hablar un poco del proyecto en el que vamos a trabajar".

Algunos de los chicos trataron en vano de ocultar el sarcasmo que les había producido el apunte desacertado del profe. Escalante fingió no notarlo.

"¿Alguien tiene alguna inquietud respecto a los objetivos que perseguimos?" La pregunta flotó en el aire sin que nadie diera la menor muestra de interés por responderla, hasta que John Alexander levantó la mano.

"¡Ah! Finalmente, un valiente voluntario", señaló el profe Willy muy complacido. "¿Cuál es su pregunta?"

"¿Podría ir al baño?", respondió John en tono bajo. Todos soltaron una carcajada mientras que él desaparecía rápidamente del salón.

"Yo entiendo que algunos de ustedes pueden estar pensando que esta es otra asignatura más en la cual van a tener que trabajar. Pero en lugar de eso, quiero que por un momento se olviden del trabajo, las tareas y las responsabilidades que indudablemente implicará el proyecto, y se enfoquen sólo en lo interesante que será ver cómo los resultados de su labor beneficiarán a otras personas.

Por ejemplo, todos los días escucho en el colegio estudiantes que se quejan que nadie le presta atención a sus problemas, ni entiende las presiones que ellos deben enfrentar. Pues bien, esta es una excelente oportunidad para que ustedes les expresen a todos los profesores y padres de familia que van a estar en esa reunión, cómo se sienten, cuáles son sus problemas y qué esperan de ellos. Piénsenlo, durante la celebración del "Día Internacional de la Juventud", ustedes van a tener la posibilidad de ser voceros de todos esos cientos de compañeros que hasta ahora no creen tener voz ni voto".

A pesar de lo persuasivo e inspirador de su argumento, ese silencio, que antes había sido muestra de temor e inseguridad, ahora parecía haberse transformado en otra clase de silencio, ese que no es más que una manifestación indiscutible de tedio e impaciencia.

Al percibir que sus palabras habían caído en oídos sordos, el profe Willy trató una estrategia más directa.

"¡Usted!", señaló con el dedo hacia donde estaba Albert, "¿cuál diría que es el mayor desafío que enfrentan los jóvenes de hoy?"

"Profesores que no escuchan y quieren imponer su voluntad", respondió el chico sin pensarlo demasiado. Luego se volvió a Mathew, quien estaba a su lado y chocaron sus puños en señal de camaradería, mientras compartían una sonrisa de complicidad.

"Muy bien", repuso el profe. Ignorando su tono sarcástico, procedió rápidamente a escribir en el tablero lo dicho por el joven.

"¿Alguien más?", preguntó otra vez Escalante. Jennifer levantó prontamente la mano.

"Muy bien Señorita Blum, ¿cuál es su opinión?"

"Las presiones externas".

"Presiones externas", murmuró el profe lentamente, mientras escribía.

"¿A qué tipo de presiones se refiere exactamente?"

"Sexo, drogas...", se adelantó Richard.

Albert lo miró de reojo, comentando burlonamente, "¿qué sabes tú de esas cosas?"

Aunque las estadísticas demuestran que hoy en día en muchas escuelas la actividad sexual de los estudiantes empieza desde muy temprana edad, Richard sabía que, en esta situación, defenderse verbalmente era lo peor que podía hacer, ya que podría ser interpretado como muestra de debilidad, así que optó por ignorar el comentario con un sutil gesto de desprecio.

"¿Alguien quiere ser más específico?", preguntó el profe recorriendo todo el grupo con su mirada.

"Es simple profesor: hay quienes creen que la única manera en que van a ser aceptados en su círculo de amigos, es si dan cuenta de haber probado alguna droga o aseguran haber perdido la virginidad, sea cierto o no", respondió Sophia, con tal asertividad, que a más de uno se le abrieron los ojos como muestra de incredulidad por lo que acababan de oír. Y no porque esto no fuera cierto, sino porque hay temas que simplemente no se hablan en presencia de mayores, y menos aún, de un profesor. Además, el hecho que hubiese sido la menor del grupo quien lo había dicho, le daba un significado especial a aquella observación.

Por su parte, Sophia, que a pesar de su edad, no tenía problemas en decir las cosas como son, sólo se había abstenido de intervenir hasta el momento, porque le irritaba la inmadurez de algunos muchachos presentes, particularmente la de Albert. Lo conocía desde que ella tenía siete años, ya que sus familias se habían mudado a aquel vecindario el mismo mes, y no soportaba que él siempre tratara de adueñarse de cualquier situación por la fuerza.

El profe Willy guardó silencio, esperando a ver si alguien más decidía entrar en la discusión.

John Alexander, que regresaba del baño, caminando firme y seguro frente a todos, levantó la mano justo antes de sentarse, en aras de recobrar su dignidad.

"¿Qué quiere agregar?", preguntó el profe, contento al percibir que el grupo parecía, finalmente, estar entrando en calor.

"Yo creo que el problema es que uno siempre está actuando para complacer a otros. Cuando estamos con los amigos, hacemos lo que sea para quedar bien con ellos; en el salón de clase buscamos quedar bien con el profesor, mientras esto no signifique quedar mal con los amigos. Pareciera como si el verdadero desafío consistiera en mantener contento a todo el mundo".

Andrew, que había permanecido en silencio desde su intervención inicial en defensa del profe, fingiendo toser, levantó tímidamente la mano.

"Particularmente a los padres", dijo el muchacho sintiendo que, por esta vez, le había ganado a su timidez.

"¿Exactamente qué quiere decir con eso?" Indagó Escalante mientras escribía.

"Yo creo que las expectativas de los padres con respecto a los hijos son muy diferentes de las metas que uno como individuo puede tener. A veces he llegado a pensar que ellos quieren que uno logre todo lo que ellos no pudieron, ni se atrevieron a lograr. Y estoy seguro que no soy el único que se siente así", anotó con un poco más de confianza, mirando a los demás jóvenes de reojo.

"Estoy de acuerdo", dijo Rizzo, sin saber que pronto él mismo tendría que enfrentar dicha situación con sus padres.

El profe Willy continuaba escribiendo en el tablero todo lo que escuchaba, satisfecho que por fin había logrado romper el hielo, y estaba comenzando a escuchar algunas cosas importantes, a pesar de sentir, que muchos de los argumentos que había oído hasta el momento no eran más que excusas que ocultaban los verdaderos desafíos que él quería que los jóvenes identificaran. Con esto en mente, y aprovechando un pequeño silencio que se había extendido más de lo normal, lanzó un desafío al centro del ruedo, que tomó a todos por sorpresa.

"¡Excusas, excusas, excusas! Todo lo que he escuchado hasta ahora son excusas. La culpa es mía que estoy imponiendo mi autoridad sobre ustedes. La culpa es de sus compañeros que los presionan a actuar de cierta manera. Los culpables son sus padres o sus profesores que no pueden ni quieren entenderlos. ¡Culpables, culpables, culpables! Por todos lados culpables y ustedes... las pobres víctimas". El comentario, cargado de una gran dosis de ironía y sarcasmo, cayó como un baldado de agua fría sobre el grupo. Tanto así, que algunos, con una risita nerviosa, intentaron hacer creen que ellos no se sentían aludidos.

Después de esto, Escalante calló, sabiendo que la dureza de su intervención había sido suficiente para lograr lo que buscaba. Si continuaba su embestida, corría el peligro de perder al grupo. Después de todo, su verdadera intención era sacarlos de la zona de comodidad que entre todos habían armado y obligarlos a que aceptaran la responsabilidad de enfrentar los retos que estaban empezando a identificar –que obviamente conocían a la perfección– en lugar de dedicarse a buscar culpables.

"Quizás no me expresé claramente", respondió Rizzo, sintiendo que la arremetida del profe Willy había sido en respuesta directa a su observación. "Lo que quise decir es que esta es mi vida. Yo debería poder hacer con ella lo que quiera, y tomar mis decisiones basado en lo que yo deseo lograr. Mis padres ya tuvieron su oportunidad e hicieron de su vida lo que quisieron. Ahora me toca a mí. Entiendo que eso no es pretexto para hacer lo que me venga en gana y actuar irresponsablemente, pero ellos también deben aceptar que no todas las decisiones que yo tome en mi vida van a ser de su total agrado".

El comentario encontró la aprobación de la mayor parte de los jóvenes, que sin embargo, se limitaron a asentir tímidamente, como si no hubiese necesidad de agregar nada más a lo ya dicho.

Mientras tomaba nota de lo que John acababa de decir, deliberadamente, el profe volvió la cara hacia el tablero, buscando ocultar su triunfal sonrisa al ver que su desafío había dado resultado. Lo único que restaba ahora era permitirle al grupo que viera la diferencia entre un *reto* y una *excusa*.

"¿Y cuál cree que debería ser la respuesta correcta de sus padres cuando usted hace algo con lo que, no sólo están en desacuerdo, sino que saben que va en detrimento de su propio éxito?"

"Deberían permitirme tomar mis propias decisiones. Si me equivoco, pues estoy dispuesto a pagar las consecuencias. Si obtengo una mala nota en una de mis asignaturas, es mi mala nota, no la de ellos".

"¿Y qué sucedería si como consecuencia de esta actitud lo suspendieran del colegio o no lograra ser aceptado en la universidad?"

"Pues es mi problema".

"Entiendo lo que dice", respondió el profe mirando a Andrew a los ojos. "Pero aún sigo pensando que todo lo que he escuchado me suena más a *vacas* que a *retos*".

"¿A qué?" reaccionó Julia, sonriendo.

"¡Vacas! De las que dan leche y hacen muuu", agregó el profe, mientras todos se miraban los unos a los otros sin tener la menor idea a qué se refería.

"¡No me digan que no han escuchado nunca la historia de la vaca!", exclamó sorprendido.

"¡Pues no!", respondieron varios, mientras otros se limitaron a negar con la cabeza.

"Muy bien. Entonces, éste es un buen punto de partida para nuestro proyecto", agregó Escalante, sabiendo que la historia que estaba a punto de compartir con ellos seguramente les haría ver las cosas desde otra perspectiva.

"Les voy a hacer una pregunta", dijo mientras se ubicaba en la mitad del círculo que formaban las sillas, "y necesito que me respondan lo primero que se les venga a la mente. Quiero que lo griten bien alto para que yo pueda determinar cuál es la respuesta más común.

¿Están listos?" Los jóvenes asintieron.

"¿Qué es lo opuesto al éxito?"

"¡El Fracaso!" Respondieron todos, casi al unísono.

"¡Ajá! ¿Así que el enemigo del éxito es el fracaso?" preguntó Escalante, mirando hacia arriba, sin dirigirse a nadie en particular. Era una táctica que utilizaba con frecuencia: lanzaba un interrogante al aire como quien tira el anzuelo al agua esperando que algún pez muerda. Nadie mordió.

"¿Me están ustedes diciendo que el enemigo del éxito es el fracaso, y que es a él al que hay que huirle? ¿Es realmente el fracaso lo que debemos evitar a toda costa? ¿Es eso lo que ustedes están diciendo?" Volvió a preguntar, confiado en que esta vez alguien mordería.

"Algo me dice que usted no está de acuerdo con eso", respondió Jennifer, "pero lo cierto es que nadie quiere fracasar".

"Cierto", repuso de manera reflexiva el profe, "pero eso no quiere decir que el fracaso sea el enemigo del éxito".

"¿Hay entre ustedes quien haya fracasado alguna vez en cualquier cosa?" Preguntó Escalante, esta vez, escrutando las miradas de todos.

"Pues todo el mundo ha fracasado alguna vez en su vida", respondió Richard con seguridad. "El que diga que no, es un mentiroso".

"¿Quiere decir eso que *usted* ha experimentado el fracaso personalmente?" Repuntó con rapidez el profe, acercándose aún más a Richard.

"Supongo que sí", titubeo.

"¿Supone, o está seguro?"

"Estoy seguro" repitió sin certeza.

"¿Y aprendió algo de ese fracaso? ¿Le enseñó alguna lección esa caída en la que está pensando?"

"Claro que aprendí una gran lección, pero no me vaya a pedir que la comparta con este montón de inmaduros", repuso Richard con un gesto burlón para suavizar su comentario. "Si lo cuento, puede estar seguro que me lo van a estar recordando hasta el día en que me gradúe".

"Está bien. No hace falta que lo comparta. Lo importante es que acaba de decir que esa caída le enseñó una lección, ¿no es cierto?".

"Así es", dijo Richard aliviado de saber que no tendría que explicar su respuesta, y para poner punto final al asunto, antes que al profe se le ocurriera hacerle otra pregunta, añadió, con la firmeza que le había faltado instantes antes: "y aquel error *nunca* lo volví a cometer".

"¡Eureka!" Exclamó el profe con un entusiasmo un

tanto exagerado que sorprendió a algunos.

"Así que aquel fracaso no sólo le enseñó una valiosa lección, sino que le ayudó a responder mejor la siguiente vez que enfrentó la misma circunstancia. Entonces, déjenme hacerles una última pregunta", dijo, mirando nuevamente hacia arriba, lanzando otra vez el anzuelo: "si los fracasos nos enseñan lecciones que nos ayudan a aprender, a crecer y hasta a triunfar, ¿podemos decir entonces que el fracaso es el enemigo del éxito?"

Esta vez, varios mordieron. Era claro que el fracaso no era el enemigo, como muchos habían contestado automáticamente minutos antes, quizá debido a que eso es lo que hemos sido condicionados a pensar.

"Pero entonces, ¿cuál es el enemigo del éxito?", le susurró Verónica a Gaby, quien se encontraba a su lado, procurando que nadie la escuchara. Verónica no había dicho una sola palabra en toda la tarde porque no es el tipo de persona que entra en confianza demasiado rápido; hubiese preferido no tener que intervenir hasta la siguiente reunión. Hoy quería estar en calidad de observadora.

Escalante, quien tenía fama en el colegio de ser capaz de escuchar hasta los pensamientos, se volvió inmediatamente hacia ella y le dijo: "¡No esconda esa pregunta! ¡Es de lo más importante que hemos dicho hasta ahora!"

"Pensaba yo", repuso Verónica, "que si el fracaso no es el enemigo del éxito, entonces, ¿cuál es el enemigo?"

"¡Extraordinaria pregunta!", gritó nuevamente el profe, aún más entusiasmado que antes. "¿Alguien quiere responderla? Señorita Aguilera, ¿acaso usted misma tiene la respuesta?"

Sin embargo, antes que pudiera decir nada, Albert se aventuró a responder, tratando de redimir la imagen que había proyectado en un comienzo.

"¿Uno mismo?"

"¡Extraordinaria respuesta!", respondió el profe, mientras observaba el rostro orgulloso del joven. "Pero... es incorrecta".

Albert se sonrojó un poco, pero al ver que no había sido objeto de humillación alguna, se sintió alentado a agregar: "Pues, como algunos sicólogos dicen que muchas veces nosotros somos nuestros peores enemigos... yo pensé que..."

"¡Ajá! Aún mejor respuesta que la anterior" –esta vez Albert decidió esperar hasta que el profe terminara de hablar antes de celebrar por anticipado–. "Debo confesarle Sr. López, no sin cierta vergüenza, que yo mismo fui culpable de utilizar ese argumento en varias ocasiones, hasta que descubrí un libro en el cual leí la historia que ahora les quiero relatar.

De hecho, fue allí donde leí parte de un poema del escritor mejicano Amado Nervo que tuvo un gran impacto en mí. ¿Cómo decía? Ah, sí" Escalante procedió a aclarar la voz, desenfocar la mirada y adquirir una pose "más poética", diría él, para agregar algo más de drama a aquel instante. *"Porque veo al final de mi rudo camino que yo fui el arquitecto de mi propio destino".*

"Pese a eso", continuó Escalante, habiendo regresado del mundo etéreo al que se había retirado durante su declamación, "aquel libro decía que el enemigo no es uno mismo, sino las ideas erradas que permitimos que entren y encuentren cabida en nuestra mente; que el enemigo tampoco es el fracaso, como muchas veces solemos pensar, sino el conformismo y la mediocridad, porque estos no nos enseñan ninguna lección, ni nos ayudan a crecer como personas".

"Así que los verdaderos enemigos del éxito son el conformismo y la mediocridad", repitió Escalante con mayor contundencia, permitiendo esta vez que sus palabras flotaran en el aire unos momentos más, antes de continuar.

El reloj marca las cinco y veintisiete minutos. "Se hace tarde", dice el profe, indicando, con un ligero movimiento que es hora de partir. "Pero el jueves, cuando nos volvamos a reunir, compartiré con ustedes la extraordinaria, aunque trágica historia de una vaca muy particular".

Capítulo Dos

La feliz y trágica historia de la vaca

Cuando llegó el jueves, todos los estudiantes estuvieron presentes a la hora indicada. Aunque nunca lo hubiesen admitido en presencia del profe, la verdad es que la mayoría comenzaba a sentir cierto entusiasmo por ser parte del proyecto. Y pese a que el comienzo fue algo espinoso, la realidad era que el profe Willy estaba probando ser un tipo "cool". Así que ahora aguardaban con entusiasmo la historia de la vaca que les había prometido en la reunión anterior, y algo les decía que el de hoy, tampoco sería un encuentro habitual.

Escalante, que había llegado una hora antes, dispuso las sillas a manera de teatro, e inclusive logró que las personas encargadas de la utilería del colegio colocaran una tarima en la parte delantera del salón, desde donde se disponía a contar la historia. Una vez que todos tomaron asiento, bajó un poco la intensidad de la luz, y sin mayores preámbulos comenzó:

"Señoras y señores, damas y caballeros, puesto que lo prometido es deuda, ahora quiero contarles la feliz y trágica historia de la vaca", dijo en una espectacular imitación de presentador de circo.

Los chicos se sintieron lo suficientemente intrigados como para olvidar que, de no ser por esta nueva actividad que les había sido asignada, estarían en casa, terminando sus deberes, entretenidos con sus videojuegos, hablando por teléfono, "textiando" con sus amigos o mirando televisión.

Escalante continuó:

"La historia cuenta que en cierta ocasión un viejo y experimentado maestro deseaba enseñar a uno de sus jóvenes estudiantes los secretos para vivir una vida próspera y feliz. Sabiendo los muchos obstáculos y dificultades que enfrentan los seres humanos en su búsqueda por la felicidad, él pensó que la primera lección que su discípulo necesitaba aprender, era entender la razón por la cual muchas personas viven atadas a una vida de conformismo y mediocridad.

'Después de todo', pensaba el maestro, 'muchos hombres y mujeres parecen incapaces de sobreponerse a los obstáculos que les impiden alcanzar el éxito y terminan viviendo vidas apenas tolerables'.

Él sabía que para que alguien pudiera entender esta importante lección, debía ver por sí mismo qué sucede cuando permitimos que la mediocridad gobierne nuestra vida. Por esta razón decidió que aquella tarde saldrían en busca de una de las poblaciones más pobres de la provincia. Después de caminar un largo rato, encontraron el vecindario más triste y desolador de toda la región. Sus habitantes parecían haberse resignado a su suerte, permitiendo que la pobreza se adueñara de sus vidas.

Una vez allí, el maestro le pidió al joven que identificara la más pobre de todas las viviendas –el propósito que los había llevado a ese lugar, requería que aquella fuera su morada esa noche–. Después de mucho caminar, los dos hombres llegaron a las afueras del pueblo y justo ahí, en la parte más alejada de un pequeño caserío, en medio de un terreno baldío, se detuvieron ante la casa más abandonada y desvencijada que habían visto hasta entonces.

La casucha, a punto de derrumbarse, sin duda alguna pertenecía a la más menesterosa entre las familias del vecindario. Sus paredes se sostenían en pie de milagro, aunque amenazaban con venirse abajo en cualquier momento. Y mientras el improvisado techo dejaba filtrar el agua por todas partes, la basura y los desperdicios se acumulaban a su alrededor dándole al lugar un aspecto aún más desagradable y decadente.

El dueño, un tanto alarmado por la presencia de los dos forasteros, salió a su encuentro.

'¡Saludos buen hombre!', dijo el maestro. '¿Será posible para dos cansados viajeros encontrar posada en su hogar esta noche?'"

Los chicos rieron al ver que Escalante cambiaba el tono de voz para darle una identidad particular a cada uno de los personajes de la historia.

"'Hay poco espacio, pero son bienvenidos si no les importa la incomodidad', respondió el dueño.

Cuando entraron al lugar, la sorpresa de los viajeros fue aún mayor al ver que en esa casucha de apenas diez metros cuadrados, el padre, la madre, cuatro hijos y dos abuelos, se las arreglaban para acomodarse de cualquier manera.

Sus ropas viejas y remendadas, y la suciedad que ceñía sus cuerpos, eran clara evidencia de la profunda miseria que ahí reinaba. Sus miradas tristes y sus cabezas bajas, eran señal que la pobreza no sólo se había apoderado de sus cuerpos, sino que también había encontrado albergue en su interior.

Los dos visitantes escudriñaban atónitos cada centímetro de espacio, tratando de descubrir cualquier objeto de algún valor en medio de la indigencia total que parecía haberse adueñado de la morada.

¡No había nada!

Sin embargo, al salir nuevamente de la casa descubrieron cuán equivocados estaban. Para sorpresa suya, en medio de este estado de penuria y dejadez total, la familia contaba con una posesión... podríamos decir... extraordinaria, bajo tales circunstancias: ¡eran dueños de una vaca!"

Tras decir esto, Escalante, sacó de atrás del escritorio la silueta de una vaca hecha de cartón, casi de tamaño real, pintada de blanco con manchas negras, y la recostó contra el tablero.

Los jóvenes, que hasta ese momento habían permanecido fascinados por la representación de la historia, rieron al ver la vaca, pero poco a poco fueron recobrando el orden y la compostura. Algunos recordaron la mención que el profe Willy hiciera la semana anterior cuando dijo que todo lo que había escuchado de ellos eran excusas. Entonces, él se había referido a ellas como "vacas".

"El animal no era gran cosa", continuó el profe Willy, levantándolo por las orejas, "pero la vida de aquella familia parecía girar en torno a él: 'Hay que darle de comer a la vaca', 'asegúrese que la vaca ha bebido suficiente agua', '¿está atada la vaca?', 'es hora de ordeñar la vaca'. Ciertamente, el popular animal jugaba un papel de gran preponderancia en la vida diaria de sus dueños, a pesar que la escasa leche que producía, a duras penas era suficiente alimento para sobrevivir.

No obstante, la vaca parecía servir a un propósito mucho mayor: era lo único que los separaba de la miseria total. Y en un lugar donde el infortunio y la escasez eran el pan de cada día, tal posesión les había hecho ganar tanto el respeto como la envidia de sus vecinos".

En seguida Escalante, desencarnándose brevemente de su papel, miró a sus estudiantes y en tono inquisitivo dijo: "Ustedes saben a qué me refiero, ¿no es cierto?"

"¿A que ellos estaban satisfechos con su vaca, a pesar de su pobreza, porque sentían que por lo menos algo tenían?", respondió Julia, sin pensar que a lo mejor la pregunta había sido uno de esos cuestionamientos hipotéticos que el profe Willy solía hacer, para los cuales no esperaba una respuesta.

"¡Exactamente!", respondió Escalante, comprobando que su audiencia estaba entendiendo el mensaje. "Ellos no hubieran pensado tan siquiera en quejarse. Después de todo, su vaca, de por sí ya era mucho más de lo que sus vecinos podían aspirar a tener. Seguramente si ellos se hubieran quejado de su miseria, no hubiese faltado quien les dijera: 'no te quejes, que por lo menos tienes tu vaca', o 'no seas malagradecido, ya otros quisieran tener la vaca que tú tienes'".

"En otras palabras", agregó Richard, "para ellos, más importante que la escasa leche que les proporcionaba la vaca, era el hecho que tenerla los hacía sentir que no eran tan pobres como los demás, así que no debían estar tan mal como parecía".

"¡Muy bien!", respondió el profe, "¡está usted pensando señor Romero! Pero continuemos con nuestra historia".

"Pues allí, en medio de la suciedad y el desorden, los dos viajeros pasaron la noche.

Al día siguiente, muy temprano, asegurándose de no despertar a nadie, se dispusieron a continuar su camino. Después de darle una última mirada a aquel lugar, tratando de llevarse consigo una imagen mental de la desolación de la cual estaba siendo testigo durante esta corta estadía, el joven estudiante abandonó la morada sin estar seguro de haber aprendido lo que su maestro había querido enseñarle. No obstante, antes de emprender la marcha, él le dijo en voz baja: 'Es hora que aprendas la lección que nos trajo a estos parajes.'

Después de todo, lo único evidente hasta ahora eran los resultados de una vida de conformismo y mediocridad, pero aún no estaba del todo claro para el joven cuál era la causa que había originado tal estado de abandono. Esta era la verdadera lección, el maestro lo sabía y había llegado el momento que su joven discípulo la aprendiera".

El profe Willy, que a esta altura se encontraba en una esquina de la sala a unos tres metros de la figura de la vaca, comenzó a caminar despacio hacia ella mientras decía:

"Lentamente, el anciano caminó en dirección al lugar donde se encontraba atado el animal, a no más de cincuenta metros de distancia de la vivienda, y allí, ante la incrédula mirada de su discípulo, y sin que este pudiera hacer nada para evitarlo, súbitamente sacó una daga que llevaba en su bolsa y con un movimiento rápido y certero, proporcionó al animal una mortal herida que ocasionó que éste se derrumbara instantáneamente y sin hacer mayor ruido".

Diciendo esto, Escalante tumbó la silueta de la vaca, que ahora yacía en el suelo ante la mirada atónita de su sorprendida audiencia. Ninguno se atrevió a moverse ni a proferir palabra alguna.

"¿Qué has hecho maestro?", prosiguió el profe Willy, susurrando las palabras del mozuelo de la historia, que angustiadamente se contenía para no despertar a la familia.

"¿Qué lección es esta que deja a una familia en la ruina total? ¿Cómo has podido matar esta pobre vaca que era su única posesión? ¿Qué sucederá con ellos ahora?

Sin inmutarse ante la preocupación y angustia del muchacho y haciendo caso omiso de sus interrogantes, el anciano se dispuso a continuar su marcha.

Así pues, dejando atrás tan macabra escena,

maestro y discípulo partieron. El primero, aparentemente indiferente ante la suerte que le esperaba a esa pobre familia por la pérdida del animal; el segundo, angustiado ante la certidumbre que al morir la vaca, seguramente también habían sentenciado a muerte a sus dueños.

Durante los días siguientes, al joven le asaltaba una y otra vez la nefasta idea de haber sido cómplice en el cruel destino que sin duda les aguardaba a esas personas que los habían acogido con tanta amabilidad. ¿Qué otra suerte podían correr después de haber perdido su única fuente de sustento?

Y así fue como esta familia debió comenzar una nueva etapa de su vida enfrentando la posibilidad de una miseria aún mayor".

Escalante hizo un alto, tomó un sorbo de agua y caminó en silencio alrededor del perímetro del salón, permitiendo que todos absorbieran los detalles de la primera parte del relato y luego prosiguió:

"La historia cuenta que, un año después, una tarde el maestro llamó al joven a su lado y le sugirió retornar nuevamente por el paraje a ver qué había ocurrido con la familia. La sola mención del macabro episodio —aparentemente olvidado— fue suficiente para avivar en el muchacho los recuerdos de un suceso que, aún después de todo este tiempo, no había comprendido totalmente.

Una vez más pasó por su mente el siniestro papel

43

que su complicidad había jugado en la infeliz suerte de esa pobre gente. ¿Qué les habría ocurrido? ¿Sobrevivieron al duro golpe? ¿Pudieron empezar una nueva vida? ¿Cómo los encararía nuevamente después de lo sucedido? A regañadientes aceptó, y a pesar de todas las dudas que pesaban en su corazón emprendió el regreso a aquel lugar en compañía de su maestro.

Después de varios días los dos viajeros llegaron de nuevo al caserío, pero sus esfuerzos por localizar la empobrecida vivienda fueron vanos. El lugar parecía ser el mismo, pero donde un año atrás se encontrara la desvencijada casucha, ahora se levantaba una vivienda grande que, aparentemente, había sido construida hacía poco. Se detuvieron para observarla a la distancia, asegurándose que se encontraban en el mismo lugar.

Lo primero que cruzó por la mente del joven fue el presentimiento que la muerte de la vaca había sido un golpe demasiado duro para sus moradores. Muy probablemente, estos se vieron obligados a abandonar el lugar y otros propietarios, con mayores recursos, se adueñaron del terreno y construyeron una mejor vivienda.

¿Adónde habría ido a parar esa pobre familia? ¿Qué pudo haber pasado con ellos? Quizás fue la pena moral la que los doblegó. Todo esto pasaba por su mente mientras se debatía entre el deseo de acercarse a la nueva vivienda para indagar por la suerte de los antiguos moradores, o continuar *su viaje y así evitar la confirmación de sus peores sospechas.*

Cuál no sería su sorpresa cuando del interior de la casa vio salir al mismo hombre que un año atrás les había dado posada. En un comienzo el muchacho pareció no reconocerlo. Sin embargo, era claro que se trataba de la misma persona, a pesar que su aspecto era totalmente distinto. Sus ojos brillaban, vestía ropas limpias, estaba aseado y su amplia sonrisa dejaba ver que algo significativo había sucedido.

No daba crédito a lo que veía. ¿Cómo era posible? ¿Qué habría acontecido en tan corto tiempo? Rápidamente, el joven se dispuso a saludarle y sin demora procedió a indagar qué había sucedido para cambiar su suerte de tal manera.

'Hace un año, durante nuestro breve paso por aquí', dijo el muchacho, 'fuimos testigos de la inmensa pobreza en la que ustedes se encontraban. ¿Qué ocurrió durante este tiempo para que todo cambiara?'

Ignorante del papel que ellos habían jugado en la muerte de su vaca, el hombre los invitó nuevamente a su casa, donde se dispuso a relatarles los pormenores de una historia que cambiaría para siempre su vida. Les contó cómo coincidió que el mismo día de su partida, algún maleante, envidioso de su escasa fortuna, degolló salvajemente al desdichado animal.

'Debo confesar', continuó el hombre, 'que nuestra primera reacción ante la muerte de la vaca fue de desesperación y angustia. Por mucho tiempo, la leche que producía había sido nuestra única fuente de sustento.

Sin embargo, poco después de aquel trágico día, nos dimos cuenta que, a menos que hiciéramos algo rápidamente, nuestra propia vida estaría en peligro. Necesitábamos buscar otras fuentes de alimento para nuestros hijos, así que limpiamos el patio de la parte de atrás de la casucha, conseguimos algunas semillas y sembramos hortalizas y legumbres para alimentarnos.

Pasado algún tiempo, nos dimos cuenta que la improvisada granja producía mucho más de lo que necesitábamos para nuestro propio sustento, así que decidimos venderle algunos vegetales que nos sobraban a nuestros vecinos, y con esa ganancia compramos más semillas. Poco después vimos que el sobrante de la cosecha alcanzaba para venderlo en el mercado del pueblo.

'¡Y de repente sucedió!' Exclamó con gran alegría. 'Por primera vez en nuestra vida tuvimos el dinero suficiente para comprar mejores vestimentas. Al poco tiempo decidimos derrumbar el rancho en que vivíamos y construir esta casa. Así, poco a poco, este año nos ha traído muchos éxitos que no esperábamos. Es como si la trágica muerte de nuestra vaca, hubiese abierto las puertas de una *nueva vida*".

Aún personificando su papel, Escalante, caminó hacia la puerta, subió la intensidad de la luz y se volvió rápidamente hacia el grupo.

Nadie se movió de su sitio, no hubo acomodos súbitos o ademanes de afán. Escuchaban fascinados el increíble relato del hombre de la historia.

Finalmente, entendieron la lección que el sabio maestro quiso enseñarle a su discípulo. Era obvio que la muerte del animal, lejos de ser el final de aquella familia, como algunos de ellos habían pensado, había sido el principio de una vida de nuevas y mayores oportunidades.

Capítulo Tres

¡Carpe Diem! El enemigo no es el fracaso

Bastó con echar una mirada a su atónita audiencia para comprobar que todos habían entendido el mensaje de su historia, aunque aún faltaba lo más importante.

Hablando una vez más con voz de anciano, para encarnar de nuevo el papel del sabio maestro de la metáfora, Escalante se volvió hacía donde se encontraba Albert, justo en la primera fila en el asiento del medio y le preguntó:

"¿Usted cree que si esta familia aún tuviese su vaca, habría conseguido todo lo que logró?"

"Seguramente no", respondió el Albert sin ningún titubeo.

"¿Qué le hace pensar eso?", le preguntó el profe Willy, dando un paso atrás y mirando al grupo, para que todos supieran que la pregunta estaba abierta para quien quisiera responderla.

"No hubiesen tenido ninguna razón para actuar", dijo él.

"Probablemente se habrían quedado presos del conformismo", agregó Gaby.

"Veo que han entendido la moraleja de la historia", señaló el profe con satisfacción. "La vaca que ellos consideraban su posesión más valiosa, en realidad no era más que una cadena que los mantenía atados a una vida de conformismo y mediocridad..."

"Y cuando ya no pudieron seguir contando con la falsa seguridad que les daba sentirse poseedores de algo", interrumpió Albert, "así sólo fuera esa pobre vaca, tomaron la decisión de esforzarse por buscar otros recursos, por ver más allá de sus circunstancias presentes".

"Así es", repuso Andrew, que permanecía en silencio, para asegurarse de haber entendido la dimensión total de la historia, "la vaca que sus vecinos veían como una gran fortuna, les daba la sensación de no estar en la pobreza total, cuando en realidad vivían en medio de la miseria".

"¡Exactamente!", respondió Escalante. "Y lo mismo sucede cuando logramos convencernos que lo poco que tenemos o hemos logrado es más que suficiente. El conformismo se apodera de nuestra vida y se convierte en un obstáculo que nos impide buscar algo mejor. No eres feliz con tus circunstancias, pero tampoco eres totalmente miserable. Estás frustrado con la vida que llevas, pero no lo suficiente como para cambiarla".

"Es como cuando te acostumbras a obtener un 70% en los exámenes", anotó Gaby, recordándole al grupo el comentario que Rizzo había hecho en la reunión anterior acerca de las calificaciones. "Te molesta en un principio, pero luego te acostumbras, porque sabes que hay otros que obtuvieron marcas aún más bajas, hasta que terminas por creer que ese es el máximo nivel al que puedes aspirar".

"¡Trágico!" Exclamó Jennifer echándole una mirada acusatoria a John Alexander, que pretendió que la cosa no era con él.

"Y se pone aún más trágico", agregó Escalante, ampliando la observación hecha por Gaby, "porque esa actitud se lleva consigo una vez uno sale de la escuela. Es así como finalmente, muchas personas terminan realizando trabajos que odian, que no les proporcionan mayor satisfacción y con los que apenas logran cubrir sus necesidades mínimas; pero con los que se conforman, porque han caído presas de la vaca del *dar gracias que por lo menos cuentan con algo*".

"Como dice el viejo refrán", anotó Gaby, sin estar segura si en realidad era un refrán o si era tan antiguo como ella suponía: 'Algo es algo... ¡peor es nada!'. Supongo que ese es el tipo de gente que piensa que, después de todo, hay muchos otros que ni siquiera cuentan con un trabajo, y ya quisieran tener el de ellos".

"¡Que vaca!" Exclamó entre risas Richard.

"Usted lo ha dicho", respondió el profe, pensando en todas aquellas excusas que con tanta repetición, terminan por convertirse en refranes y aforismos que adoptamos como si fueran fórmulas infalibles de sabiduría.

Escalante odiaba estos adagios y sentencias que no son más que grandes mentiras revestidas de una fina capa de algo parecido a la realidad; vacas que aceptamos sin cuestionar la supuesta enseñanza que encierran, asumiendo que si se han convertido en dichos debe ser porque guardan una profunda verdad. Él sabía que en la mayoría de los casos se han hecho populares debido a que son excusas compartidas por un gran número de personas.

Después de examinar algunas de estas supuestas perlas de sabiduría, había llegado a la conclusión que el único objetivo de expresiones como: "loro viejo no aprende a hablar", "perro viejo no aprende trucos nuevos" o "árbol que nace torcido jamás su rama endereza", es hacernos creer que existe una edad después de la cual es imposible aprender algo nuevo, o convencernos que hay ciertos hábitos o comportamientos que, simplemente, no podemos cambiar. Y como estos, parece haber una lista interminable de refranes que muchos utilizan oportunamente para justificar su actitud conformista.

Siempre que pensaba en esto, el primer adagio que

se le venía a la mente era el famoso: "es mejor malo conocido que bueno por conocer". Se lo había escuchado mil veces a su cuñado que vivía quejándose de su trabajo a todo momento. Sin embargo, cuando le preguntaba por qué no renunciaba a ese empleo que parecía detestar tanto y buscaba algo que le gustara, escuchaba aquel infame dicho, seguido de la misma justificación de siempre: "¿Cómo voy a aventurarme a dejar este puesto, por más malo que sea, y correr el riesgo de no encontrar nada mejor? ¿Estás loco? Es preferible un mal cargo que estar desempleado". Escalante sabía que esta misma vaca, es lo que mantiene a muchas personas en trabajos insignificantes o relaciones abusivas, así el precio por su conformismo sea una vida mediocre.

El profe Willy recordaba en particular un día en que el entrenador de basquetbol del colegio le pidió que exhortara al equipo porque había perdido los primeros tres juegos del campeonato intercolegial y todos estaban muy desmoralizados. "Tenemos que hacer algo para ayudarles a cambiar esa actitud derrotista o no vamos a ganar un solo juego", le dijo angustiado el entrenador.

Escalante vio esta como una excelente oportunidad para hablarles a los muchachos sobre el valor de dar siempre el 100%, no sólo en el juego, sino en todo. Hizo gran énfasis en la importancia de desarrollar una actitud triunfadora y no contentarse con segundos lugares.

Ellos parecían estar comprendiendo el mensaje, pero justo cuando estaba en el punto máximo de su exposición, uno de los estudiantes levantó la mano y, con cierto cinismo, repuso: "Perdón profe, pero no hay que olvidar el sabio refrán que dice que lo importante no es ganar o perder sino competir". Otros mostraron su aprobación sonriéndose o intercambiando gestos de adhesión entre ellos.

Sin perder la calma, Escalante lanzó al ruedo una pregunta igualmente mordaz: "Si lo importante no es en realidad ganar o perder, ¿a cuántos en este salón no les molestaría demasiado perder en el juego de la vida?" Nadie levantó la mano.

"Si todo lo que estamos perdiendo es una partida de ajedrez o un juego de basquetbol, quizás eso no represente mayor cosa", resaltó Escalante, dispuesto a desterrar de una vez por todas esta actitud mediocre de la mente de estos jóvenes, "pero cuando son sus sueños, sus metas y su felicidad los que se encuentran en juego, no es tan sencillo aceptar la posibilidad de perder, ¿no es cierto? El problema es que una vez consentimos que el fracaso está bien en ciertos casos, pronto tendemos a admitirlo en todas las demás áreas de nuestra vida.

Es obvio que no siempre se puede ganar. Ni siquiera un súper campeón en su deporte gana todo el tiempo. Alguna vez pierde a causa de una equivocación, o porque no entrenó lo suficiente o sencillamente porque se encontró con un rival más preparado o más hábil. Sin embargo, en esas ocasiones cuando en lugar de ser el número uno somos el dos, el tres o el último, debemos tener presente que hay que saber ganar y hay que saber perder. Pero saber perder no es resignarnos a decir que 'lo importante no es ganar o perder sino competir'; sino tomarnos el tiempo para identificar dónde estuvo el error, determinar qué debemos mejorar y enfocarnos nuevamente en el triunfo".

"Además", concluyó el profe Willy, temiendo que su charla corriera el riesgo de convertirse en un aburrido sermón si no paraba de hablar ya mismo, "antes de apurarnos a aceptar este dicho como una filosofía de vida, debemos considerar la fuente de la cual provino. ¿Quién creen ustedes que fue la primera persona que utilizó este refrán: un ganador o un perdedor?". Por sus caras, era evidente que habían entendido el mensaje.

"¡Profe!" Gritó Sophia para sacarlo de la abstracción en la que parecía haber caído.

Escalante se sonrojó un poco cuando vio que todos lo miraban, esperando que terminara la idea que había empezado.

"Como venía diciendo", prosiguió, "el problema es que esta actitud, al igual que dicha vaca, nunca nos permitirá progresar. Estamos condenados de por vida a ser víctimas de esas limitaciones que nos hemos impuesto".

"No necesariamente", rebatió Sophia, sintiendo que tal afirmación no era enteramente cierta, "porque todos podemos cambiar si así lo queremos. No estamos condenados 'de por vida' a aceptar ninguna circunstancia", dijo mientras con sus dedos dibujaba en el aire un par de comillas imaginarias para enfatizar aún más esas tres palabras con las cuales estaba en total desacuerdo. "Lo único que necesitamos es tener la voluntad de cambiar y el valor para aceptar esta responsabilidad".

DR. CAMILO CRUZ Y RICHARD CRUZ

"¡Bravo!" Gritó el profe Willy, más entusiasmado que nunca. "En otras palabras, lo único que debemos estar dispuestos a hacer es..."

"¡Matar nuestra vaca!", interrumpió Richard, terminando la idea de Escalante.

"¡*Grazie a Dio!*" dijo el profe Willy en lo más parecido que pudo a un acento italiano, mientras miraba al cielo. "Estoy empezando a creer que estamos en la segunda parte de *La Sociedad de los Poetas Muertos*, exclamó – haciendo alusión a la película protagonizada por Robin Williams, que ganara un premio Oscar en 1990—.

Esa era una de las preferidas de Escalante. De hecho, con frecuencia la utilizaba en algunas de sus clases, ya que exponía el despertar adolescente al encanto del lenguaje poético, al romanticismo, a la búsqueda de la identidad y a la canalización de las posibilidades vocacionales de los jóvenes.

Viendo la oportunidad perfecta para reivindicar su posición después de la manera tan dura en que creía que el profe Willy le había *caído encima* cuando dijo que la culpa era de los padres, Andrew pidió la palabra, y comenzó a hablar de inmediato, sin esperar a que Escalante se la concediera:

"Si mal no recuerdo, no se cuestionaba en la película, precisamente, la postura de ciertos padres que, asumiendo que saben cuál es la profesión que más les conviene a sus hijos, no se detienen a pensar en lo que ellos anhelan y quieren hacer con su vida", dijo, asegurándose de agregar una buena dosis de sarcasmo, para que al profe no le quedara duda sobre su verdadera intención.

"¿Continúas buscando culpables?" Preguntó Mathew.

"Cállate, que tú no tienes velas en este entierro", repuntó Andrew apuntándole con el dedo a la cara.

"Bueno, bueno... tranquilos todos", dijo Escalante, tratando de apaciguar la atmósfera. "Lo de *La Sociedad de los Poetas Muertos* era sólo una comparación. No es para que comencemos ahora a hablar de entierros. Todos soltaron la carcajada, incluido Andrew, quien celebró el oportuno apunte con gusto. Debo agregar que me complace ver que, aunque ustedes no habían nacido cuando se estrenó esta película, no todos se han limitado a la fantasía de Harry Potter o Shrek".

"Pero si el profe es todo un *comedian*", dijo John Alexander. "¡Cuidado Robin Williams!".

"Seriedad jóvenes, seriedad", dijo el profe, retomando la última idea que debatían, antes que Hollywood lo hubiese raptado momentáneamente.

"Decía yo", exclamó Sophia, "que no estamos condenados *'de por vida'* a aceptar ninguna circunstancia, y que lo único que necesitamos es tener la voluntad de cambiar y el valor para hacerlo".

"Ah, sí, claro... Estás en lo cierto; siempre podemos cambiar. Lo difícil es que una vez permitimos que el conformismo se apodere de cualquier área de nuestra vida, su efecto comienza a verse en todo lo que hacemos. De repente, la mediocridad se convierte en un hábito y nos acostúmbranos a ella, como la familia de nuestra historia. Tan habituados estaban a vivir en la miseria, que ya ni les molestaba. De cierta manera, salieron adelante, no porque *salir adelante* siempre hubiera sido una de sus metas, sino porque se vieron obligados a hacerlo".

Ya se acercaba el final de la reunión y aunque ahora ya tenían una mejor idea sobre la diferencia entre un *reto* y una *vaca*, aún no habían comenzado a identificar los retos de los cuales hablarían en su presentación.

Escalante tomó un marcador y dividió el tablero en tres partes; luego se volvió al grupo para explicar el siguiente paso:

"Supongo que ha quedado clara la diferencia entre lo que es un *reto* y lo que es una *vaca*, ¿no es cierto?"

"¡Sí!" Respondieron algunos, mientras otros se limitaron a asentir con la cabeza.

"¿Quién se atreve a hacer una demostración de su gran inteligencia y a iluminar al resto de nosotros, los menos favorecidos, ofreciendo una descripción clara y concisa de lo que es una *vaca*?", desafió Escalante a la audiencia.

Puesto que ninguno de los chicos se decidió, Jennifer

se puso de pie y caminó hacia el frente de la sala.

"Como ninguno de los hombres se ha atrevido a dar la cara, quiero, en representación del sexo fuerte", dijo, paseando su mirada por cada una de sus compañeras, buscando su aprobación, "iluminar al verdadero sexo débil", recalcó Jennifer con un tono de voz impostado para matizar la ocasión. Luego precedió a darle una mirada, entre acusatoria y burlona, a todos los hombres –de la que no se escapó ni el mismísimo Escalante— y luego prosiguió: "la vaca representa todas las excusas, pretextos, justificaciones, explicaciones y demás mentiras, que muchas veces utilizamos para ocultar nuestra mediocridad".

"¡Bravo!" Aplaudió Escalante, haciendo una venia que hizo extensiva a todas las chicas. Luego agregó, mirando a los muchachos:

"Señores, debo admitir que estamos en presencia de la inteligencia en pasta". Luego, hizo una pausa como tratando de escoger muy bien las palabras que quería decir a continuación. "Sin embargo, aquí lo más importante de entender es que todos tenemos vacas en nuestra vida. A pesar que se nos hace difícil aceptarlo, todos llevamos a cuestas creencias, excusas, pretextos y justificaciones con los que buscamos explicar por qué no estamos viviendo la vida que deseamos.

Lo peor de todo es que nos inventamos excusas que ni nosotros mismos nos creemos, las cuales nos dan un falso sentido de seguridad y nos ayudan a sentirnos algo mejor frente a los demás. Preferimos conformarnos con nuestra mediocridad y optamos por desperdiciar el tiempo inventando excusas, para justificar la razón de ser de nuestra situación presente, en cambio de hacer lo que sabemos que tenemos que hacer".

"De la misma manera que la familia estaba conforme con su vaca", agregó Julia.

"¡Exactamente! Es por eso que el próximo paso es llenar estas tres columnas", dijo el profe señalando el tablero. "En la primera de ellas identificaremos los retos de los cuales hablaremos durante nuestra presentación del "Día Internacional de la Juventud". En la segunda, escribiremos la vaca que hemos decidido echarnos a cuesta para no tener que lidiar con el verdadero reto; y en la tercera, describiremos cómo debe responder a tal reto una persona que no da excusas, y que ha aceptado la responsabilidad total por su propio éxito.

¿Alguna duda?"

"¿Cómo escogemos el reto en el cual queremos concentrarnos?" Preguntó Richard.

"Buena pregunta señor Romero. Si queremos llegar al verdadero reto, debemos empezar descubriendo la vaca que generalmente lo oculta. Así que la tarea para la próxima semana será una aventura de auto-descubrimiento. Quiero que identifiquen cuál es su vaca mayor. Aquella que más los está deteniendo de aprovechar su verdadero potencial. ¿Entendido?

Y ahora, como diría John Keating a sus alumnos de

la Academia de Weldom", haciendo referencia al personaje del profesor de Literatura que personificaba el actor Robin Williams en la película:

"'Carpe Diem.
Coged las rosas mientras podáis,
veloz el tiempo vuela.
La misma flor que hoy admiráis
mañana estará muerta'.

En otras palabras, aprovechen cada día, ya que sólo viene una vez en la vida".

"Creo que vamos a tener que ver esa película si queremos estar mejor preparados para la próxima semana", murmuró Richard, mientras se alejaba en compañía de Mathew y Jennifer, teniendo cuidado de estar suficientemente lejos de la sala, de manera que el profe no pudiera escucharlo.

"¡Buena idea señor Romero!", gritó Escalante desde donde se encontraba. La próxima semana me aseguraré de pedirle que nos haga un breve resumen".

Richard no lo podía creer. El profe Willy parecía tener oídos biónicos.

Capítulo Cuatro

Todo el mundo
lo hace

A la hora del almuerzo, Andrew fue a la cafetería a comprar un refresco para acompañar el sándwich de jamón y queso que su madre le había preparado esa mañana. Como de costumbre, le puso una fruta y un paquete de galletas en la bolsa. No le incomodaba que ella insistiera en empacarle su almuerzo, pese a que muchos compañeros lo compraban en la cafetería. Sin embargo, él quería reservarse el derecho de escoger con qué bebida acompañarlo. Era su manera de mantener algo de individualidad sobre lo que comía.

Solía buscar una mesa desocupada donde no tuviera que hablar con nadie y pudiera dejar que su mente divagara sin mayor esfuerzo hasta que la campana anunciara que era hora de retornar al salón; después de eso, sólo había dos clases más antes de finalizar la jornada.

Aunque no existe una norma que establezca que hombres y mujeres deben ubicarse en mesas separadas, así ocurre, casi automáticamente, con los nuevos estudiantes o aquellos poco sociables, como él. De otra manera, los jóvenes parecen gravitar hacia su grupo de amigos. En las mesas de las jovencitas la conversación cubre una gran diversidad de temas mientras los muchachos hablan casi exclusivamente de deportes.

No había probado el primer bocado de su sándwich cuando pudo ver a Gaby que caminaba en dirección a su mesa con su bandeja de almuerzo. Supuso que pasaría de largo, puesto que nunca se sentaban juntos a almorzar. Sin embargo, se sentó exactamente frente a él y lo saludó con una sonrisa.

"Hola".

"Hola, ¿cómo estás?"

"Bien, ¿y tú?"

"OK", respondió Andrew, sin que su respuesta tuviera nada que ver con su verdadero estado de ánimo. La verdad, no estaba muy seguro de querer entablar conversación. A los quince años de edad no se está dispuesto a tomar muchos riesgos, y menos en público. Sin embargo, Gaby ignoró su desgano y comenzó a hablar como si estuviesen reanudando un diálogo inconcluso y se hubiesen puesto una cita para terminarla.

"¿Ya has pensado en alguna *vaca* para compartir pasado mañana en la reunión?"

"Te estás tomando muy en serio esto, ¿eh?", respondió él con cierta indiferencia, tratando aún de entender el repentino deseo de hablar, de alguien que durante dos años en la misma escuela, hasta el momento, nunca antes le había dirigido la palabra.

No vivían muy lejos el uno del otro, y hasta habían coincidido en unas cuantas reuniones de jóvenes del vecindario, pero aquí era otra cosa. ¡No era sólo la diferencia en edad! Lo que ocurre es que en la escuela los estudiantes están divididos en dos grandes grupos: los nuevos y los antiguos. Los de mayor antigüedad –juniors y seniors– son los que mandan la parada, y entre ellos, los seniors parecen ser los jefes supremos.

De entre sus filas suelen ser escogidos casi siempre los presidentes del consejo estudiantil, los capitanes de los diferentes equipos deportivos y las cabezas de las distintas fraternidades y organizaciones estudiantiles. Se podría decir que, por lo menos entre los estudiantes, ellos son los dueños del colegio. Los juniors –de penúltimo año– son respetados por el simple hecho que serán los seniors del año siguiente.

Por su parte los nuevos del colegio –freshman y sophmore– no gozan de ningún respeto o consideración especial. Los freshman –estudiantes de noveno grado– son los "novatos", los "niñitos recién llegados", la nueva camada de víctimas de las bromas e iniquidades de los demás, mientras que los sophmore, o alumnos de segundo año, son simplemente los freshman del año anterior, que para el caso es lo mismo.

Pero como si estas diferencias no fueran suficientes para segregar a los jóvenes, existen otros grupos y subgrupos –*cliques*, como se les conoce en la jerga estudiantil— que los separan aún más; grupos hacia los que los nuevos estudiantes gravitan, buscando otros que compartan, si no sus mismos intereses, por lo menos una manera similar de ver la vida.

Es una forma de experimentar cierto sentido de pertenencia en un mundo donde la comprensión y la compasión no siempre están a la orden del día, y donde corres el riesgo de ser despojado de tu dignidad en cuestión de segundos si cometes el error de estar en el lugar equivocado en el momento errado, o tienes la osadía de aventurarte a donde no te han llamado.

Este proceso de asociación parece ocurrir de manera instintiva. Los estudiosos parecen terminar siempre juntos, y con el tiempo, la seguridad de pertenecer al grupo les provee suficiente confianza como para que pronto deje de importarles que los tilden de "nerds", "geeks" o "chicos buenos". Asimismo, los "vándalos" o "chicos malos" como algunos los llaman, parecen acabar irremediablemente por encontrase y juntarse.

Los miembros del equipo de football o practicantes *serios* de otros deportes, de igual forma tienen su clan, al que se les conocen como los "jocks".

A algunos estudiantes los une la música, el arte, es decir, un interés o talento especial. Están los "skaters", los "músicos", los "metalers", los "punks", y los "thespians", o amantes del teatro. Otras veces los une un factor como la raza, cierta clase de creencias religiosas o pseudo-religiosas, como es el caso de los jóvenes "cristianos", los "pseudohippies", o los "mansonites". A otros, lo único que aparentemente los une es la desidia, la rebeldía o el desdén por cualquier tipo de autoridad. Están los "darks", los "cholos", los "gothics" y los "stoners", por ejemplo. Estos grupos, no sólo tienen una manera muy peculiar de ver el mundo, sino que su manera de vestir o usar el pelo, no deja dudas sobre su afiliación.

Tristemente, algunos *cliques* terminan por parecerse más a pandillas juveniles unidas por el vicio y las drogas, y sus miembros acaban en un estado de angustia y soledad peor que el que los había motivado a unirse en un comienzo.

Para Andrew, lo insólito de aquel encuentro con Gaby era que, salvo contadas excepciones, los seniors generalmente acostumbran juntarse sólo con otros estudiantes de su mismo año. Así que él no sabía qué esperar de aquel repentino deseo de Gaby por hablar con él, especialmente en un sitio tan público.

Andrew es uno de esos chicos que debido a su personalidad solitaria y poco sociable, pasa desapercibido y no parece tener afiliación con ningún grupo. Hace parte de un conjunto de estudiantes al cual ha sido asignado sin su permiso ni consentimiento; un grupo al que uno no se une, sino al cual uno es relegado: el de los chicos "raros" y "asociales". Generalmente se les ignora y se les hace a un lado donde no estorben.

Andrew no estaba contento con esta situación, pero había aprendido a aceptar que la escuela podía llegar a ser un lugar cruel y cínico dónde poco importan los sentimientos de los demás. De hecho, son escasas las excepciones de estudiantes que pueden darse el lujo de hablar con quien les dé la gana sin correr ningún riesgo. Gaby es quizás una de estas personas. El hecho de ser la presidenta de la clase de último año, le daba ciertos privilegios. Por eso se arrepintió inmediatamente de haberle infringido tal grado de cinismo a su pregunta, así que se apresuró a corregir su error y a realizarla nuevamente con un tono mucho más neutral.

"¿No te parece que te estás tomando este proyecto muy en serio?"

"¿O sea que a ti no te parece serio?", le respondió ella, con más curiosidad que malestar.

"¿Tú crees que los otros van a compartir sus verdaderas excusas y temores? ¡Ni locos!".

"¿Por qué no habrían de hacerlo?"

"¿Estás bromeando? Una cosa es lo que uno diga en el grupo y otra es lo que realmente sienta. Nadie va a hablar allí de sus verdaderas presiones. Te imaginas a tus padres o a los míos, en la sala de la alcaldía escuchándonos hablar de...", Andrew se detuvo abruptamente, sintiendo que estaba a punto de entrar en temas que no creía conveniente tratar ahí.

"¡Anda...! Termina lo que ibas a decir", presionó Gaby.

"¡Olvídalo!"

"¿De qué, de sexo o drogas?"

"¡Cállate, que pueden oírte!", dijo el muchacho angustiado por la idea que otros pudieran escuchar su conversación.

"¿Crees tú que podríamos hablar de los retos y peligros que enfrentamos los jóvenes sin hablar de sexo, drogas, depresión y otras cosas que tú sabes que son pan de todos los días aquí y en muchos otros colegios? Además..."

Gaby estaba en lo cierto: el sexo entre adolescentes ha llegado a niveles preocupantes. En el noveno grado, tres de cada diez jóvenes reportan haber tenido relaciones sexuales por lo menos una vez, de acuerdo a un estudio realizado por el Centro para el Control y Prevención de Enfermedades Infecciosas, mientras que entre los estudiantes de último año el promedio es de siete de cada diez jóvenes.

Más preocupante aún es el hecho que tanto como un 12% de los estudiantes inician su vida sexual antes de los trece años. La mayoría de ellos habla de las presiones extremas que sienten por parte de otros muchachos y muchachas, hermanos y amigos, la música y la televisión, de dejar a un lado sus inseguridades, y experimentar con el sexo de una vez por todas. En cuanto a las drogas, los niveles de uso son igualmente alarmantes.

"Está bien —susurró Andrew— pero, ¿puedes decirlo en voz baja? Además, este no es el momento ni el lugar. ¿Qué te parece si hablamos a la salida? ¿Te acompaño a casa y hablamos?"

"¿Es una cita?" Bromeo Gaby mientras se ponía de pie para marcharse. "Te espero a la salida".

Cuando terminó la jornada, Andrew pensó en escabullirse rápidamente para evitar a Gaby, pero, sospechando sus intenciones Gaby se había situado en la puerta principal a esperarlo. Los dos caminaron varios metros sin dirigirse la palabra, buscando estar fuera del alcance de la turba de estudiantes que se juntaba frente a la puerta principal todos los días al fin de la jornada. Era como si nadie quisiera irse a su casa, pese a que minutos antes no hallaban la hora que sus clases terminaran para marcharse.

Cuando estuvieron a una distancia prudente, Gaby preguntó: "Así que el sexo es una de las vacas en las que has estado pensando, ¿eh?"

"¡Yo no fui quien dijo eso!", respondió Andrew categóricamente.

"Pero lo pensaste, ¿no es cierto?"

"¿Acaso tú no crees que *ese* es uno de los mayores retos que afrontamos en la escuela? Si ya lo hiciste, ¿con quién? ¿Cuántas veces? Si no lo has hecho, ¿qué estás esperando? o ¿Es qué eres *gay*? ¿Por qué esperar si de todas maneras lo vas a hacer? ¿Quién aguanta esa presión? A lo último, terminas por hacerlo, sólo por quitarte la presión de encima".

"¿Y tú crees que para nosotras es más fácil?"

"No lo sé, pero si una chica llega a último año y aún es virgen, no es tan patético como si eso le sucede a un muchacho. En los ojos de los amigos, la virginidad es lo que determina si eres un hombre o un niño. A veces me parece que muchos de mis amigos ven el sexo como una carrera: el que lo haga primero gana. Pareciera como si la virginidad determinara tu estatus social en el grupo".

"Entonces tu vaca es que 'como todo el mundo lo está haciendo –según tú— pues está bien que tú también lo hagas'".

"¿Y no es así? Aquí, el término virgen, es casi una ofensa. Uno quiere deshacerse de él lo más rápido posible. O acaso, ¿conoces a alguien que aún sea virgen en tu clase?" Preguntó con cierto sarcasmo Andrew, queriendo demostrar su teoría concluyentemente.

"Yo", respondió Gaby, mirándolo a los ojos para ver su reacción. "Si tú te sientes presionado por lo que los demás puedan pensar, pues ese es tu problema. Pero mientras ustedes los hombres hablan de sus relaciones sexuales para impresionar a sus amigos, y alardear sobre cuántas veces lo han hecho, nosotras no podemos hacer eso. Un hombre que diga que lo ha hecho con dos o tres chicas, así sólo haya sido en su imaginación", agregó

71

Gaby burlonamente, para dejar claro que ella pensaba que los hombres tienden a exagerar su experiencia en esta área, "es visto hasta con cierto respeto. Ustedes no ven nada reprochable en ello, por el contrario es admirable y hasta envidiable. Pero una mujer que lo haya hecho con dos o tres, es vista como una cualquiera, Pierde el respeto de todos. Es ese doble estándar hipócrita que existe con todo".

"Te apuesto que te sorprende que yo diga que soy virgen, ¿no es cierto?" –Andrew no se atrevió a pronunciar palabra— "Y no me importa si se lo cuentas a todos tus amigos, porque en seis meses muchos habremos salido del colegio a continuar con nuestra vida.

¡Qué ironía! ¿No te parece? Todas aquellas personas que permitimos que nos presionaran a hacer algo para lo que no estábamos listos, desaparecerán de nuestra vista y lo más probable es que nunca las volvamos a ver. Sin embargo, todas las presiones que aceptamos por complacerlas, terminaron cambiándonos, moldearon nuestro carácter y seguramente van a influir en nuestras decisiones y manera de actuar por el resto de la vida".

"¡Vaya!" Dijo Andrew, aún sorprendido por lo que acababa de escuchar –ahora su interés era genuino—. "Se ve que has estado pensando en este proyecto bastante".

"¿Recuerdas cuando entramos a la secundaria?" Continuó Gaby. "¿Cuántos años teníamos? ¿Catorce? ¿Quince? Y desde los doce no hallábamos la hora que llegase el día de estar en *High School*".

Gaby recordaba muy bien aquel momento. Por supuesto que no todo eran expectativas positivas; también hubo ansiedades y hasta ciertos temores de lo que le esperaba. Sin embargo, al igual que todas las jovencitas de su edad, esa transición la llevaba un paso más cerca de ser una mujer adulta, de la universidad y de la libertad de tomar sus propias decisiones, y eso la emocionaba.

Pero también sabía que de no tener cuidado era posible caer víctima de las presiones e influencias negativas de los demás. Cuando comienzas la secundaria, llegas a una sociedad que ya se encuentra establecida. Nunca, todos los estudiantes son nuevos; la gran mayoría es gente que viene del año anterior. Y de ellos aprendes cómo son las cosas, cuáles son las reglas del juego y cómo burlarlas y qué puedes esperar de los cuatro años que tienes frente a ti. Así que tus expectativas personales, dependen, por lo menos en parte, de la gente con quien elijas asociarte.

Si te juntas con quienes toman su educación en serio, estás bien, pero también puedes encontrarte con quienes no piensan así. De hecho, Gaby se acordaba muy bien del día que encontró una fotocopia que alguien puso entre las páginas de uno de sus libros. La hoja, borrosa por el continuo copiar una y otra vez, apenas era legible. Ostentaba el sarcástico título: "Diez mandamientos para sobrevivir a la secundaria".

Diez mandamientos para sobrevivir a la secundaria

1. No estás aquí para aprender sino para sobrevivir. Trata de hacerlo con el mínimo de esfuerzo posible. Para qué preocuparse por ser el mejor cuando ser promedio es suficiente.

2. Asegúrate de encontrar un culpable por todos tus problemas. No importa quién sea, mientras no seas tú. Recuerda, nunca aceptes ser el causante de tus pobres resultados, eres la víctima.

3. No pierdas el tiempo planeando tu futuro. Ni que fueras adivino para saber lo que te espera. Vive el momento y olvídate del mañana.

4. Por qué preocuparte sobre las consecuencias de tus acciones. La vida es corta, si quieres hacer algo, así sepas que está mal, hazlo.

5. La vida es una competencia viciosa. Tus compañeros de clase no son tus amigos, sólo buscan derrotarte, así que trata de vencerlos tú primero.

6. Asegúrate de ser el que más habla. Naciste con una boca, úsala, así lo que estés diciendo no tenga ningún sentido.

7. Nunca estudies. No pierdas el tiempo aprendiendo nada nuevo, y por lo que más quieras, mantente lo más lejos posible de la buena lectura o cualquier otra cosa que pueda inspirarte.

> 8. No cometas el error de aceptar la responsabilidad por nada que suceda en tu vida. Para qué preocuparte por tus cosas cuando alguien más lo puede hacer por ti.
> 9. Nunca cooperes. El trabajo en equipo es para los sumisos. ¿para qué hacer el esfuerzo de trabajar con los que no piensan como tú?
> 10. Si en algún momento parece inevitable que fracases, asegúrate de arrastrar a los demás contigo, de manera que no seas el único perdedor.

En su caso, Gaby sentía que habían sido más las influencias positivas que las negativas, aunque, obviamente, no se sentía orgullosa de todos los cambios que veía en ella. Ahora, poco más de tres años después, en muchos aspectos, ni siquiera ella se reconocía a sí misma. No eran los cambios propios de la edad los que la molestaban, sino sentir que en muchos aspectos había tenido que renunciar a ser quien realmente era sólo para ser aceptada por su nuevo grupo de amigos y compañeros de estudio —jóvenes que hasta ese momento habían sido extraños—; eso era lo que verdaderamente la incomodaba.

Estos días, desde la primera reunión con Escalante y el grupo, le habían dado la oportunidad de reflexionar acerca de esto. Y después de mucho recapacitar sobre la multitud de vacas —como el profe las llama— que parecen acechar a los jóvenes, llegó a la conclusión que todas ellas, o por lo menos las que había podido identificar hasta ahora, se originan en esa "vaca mayor", como se le ocurrió a ella bautizarla: la absurda idea que muchos adoptan de creer que para ser aceptados deben renunciar a su verdadera identidad y convertirse en alguien que no son.

Cuando era niña sabía quién era y, como la gran mayoría de los otros niños, estaba a gusto con ello. Esa era la vida, si eras tímida, extrovertida o payasa, actuabas así sin importar lo que los demás pudieran pensar; sentías que esa era tu personalidad, tu señal distintiva y, la aceptabas si te gustaba, o buscabas cambiarla en caso contrario. Sin embargo, inclusive cuando decidías cambiar algo, era porque te molestaba a ti y no simplemente por satisfacer a los demás.

Al entrar al colegio todo cambia. De repente, lo que los demás puedan pensar de ti empieza a preocuparte demasiado, comienzas a darle mucha más importancia de la que debieras a las opiniones y críticas de *perfectos desconocidos*. Increíble, pero lo que otros puedan pensar de ti llega inclusive a importarte más que tu propia opinión.

"Comenzamos a pretender ser alguien que no somos y a usar máscaras para ocultar nuestra verdadera personalidad", continuó Gaby, retomando la pregunta que había dejado inconclusa. "Y, sin proponérnoslo, terminamos convirtiéndonos en otra persona, que no siempre es de nuestro agrado, ni todas las veces nos gusta, pero perpetuamos la farsa por temor a que nuestros nuevos 'amigos' nos rechacen si descubren quiénes somos en realidad".

"Estamos de acuerdo", respondió Andrew. "Pienso que la mayoría de los muchachos siempre están poniendo un frente, ocultándose tras una máscara, intranquilos por lo que los demás puedan pensar y tratando de ser alguien que no son. Muchos creen que tienen que ser indisciplinados y rebeldes para ser aceptados, que deben estar constantemente metidos en problemas, que no necesitan prestarle demasiada atención a sus calificaciones y que hay que hablarle mal a todo el mundo si quieren ser mirados con respeto.

Pero, ¿sabes qué? La mayoría de esos que aparentan ser muy malos y muy machotes en el colegio, a la hora de la verdad no son tan machos ni tan malos cuando están afuera. Sorprendentemente, muchos son buenas personas fuera de este ambiente, pero en la escuela, cuando están sus amigos presentes, actúan como rebeldes, como si no les importara nada".

"¿Ves? A eso es a lo que me refiero. Cambias de personalidad, estás preocupado a todo instante de cómo te ven los demás, te angustia que puedan criticar tu manera de vestir, cómo te peinas, la música que escuchas, si vas a la iglesia o si te importa obtener buenas notas. Y lo peor de todo es que los demás tienen las mismas angustias y a lo mejor ni les interesan las tuyas, o se burlan de ti sólo para ocultar sus propios temores. Pero tú comienzas a ser otra persona y a aparentar como que nada te molesta, empiezas a usar ropa que a veces ni te gusta y en la que te ves ridículo, pero nada de eso importa porque lo que te interesa es no correr el riesgo que te tachen de 'chica buena, de niña 'fresa' o peor aún de 'nerd'".

"Pero esta no fue precisamente la vaca de la cual comenzamos hablando", repuso Andrew. "O acaso, ¿también crees que los retos que tienen que ver con el sexo también se originan en tu famosa 'vaca mayor'?".

"Por supuesto que sí. ¿Ya se te olvidó lo que dijiste hace un momento? 'Como todo el mundo lo está haciendo, ¿por qué no yo?' ¿Qué crees que esa idea representa, sino la maldita pretensión de ser aceptados a como dé lugar?"

"¿No crees que te estás poniendo un poco trágica? Tampoco es para tantas emociones", dijo Andrew tratando de demostrar que él no iba a permitir que este proyecto lo sacara de casillas.

"No sé lo que pienses tú, pero, ¿sabes qué? Yo creo que ésta es una excelente oportunidad para hablar de cosas relevantes. Quizás el profe Willy está en lo cierto, y esas ideas que la culpa fue de tus amigos que te presionaron, o que lo hiciste porque todo el mundo lo estaba haciendo, son como la vaca de la historia, excusas absurdas que nos condenan a una vida de mediocridad. Quizás no hayas conocido a Becky Scheink, la chica que quedó embarazada el año pasado, y terminó por abandonar la escuela.

¿De qué sirve que los padres y maestros le indiquen a uno que debe ser responsable, respetuoso, y abstenerse de tener relaciones sexuales prematuras, si de otro lado, los amigos nos están machacando a todo momento que hay que vivir la vida, que por qué privarnos de hacer lo que queremos y que el estar enamorados no es un prerrequisito para el sexo?"

"¡Tienes razón!"

"¿Dónde están hoy las amigas que le hacían coartada entonces? Te aseguro que nunca más la volvieron a ver. Y el muchacho también fue expulsado del colegio".

"¿Sabes qué sucedió con ellos?"

"No estoy segura, pero sé que ya no están juntos y que él no regresó a terminar la escuela. Entonces, ¿quién pagó por esa vaca? Es claro que el cargar con nuestras vacas puede traer graves consecuencias, y eso es lo que quisiera decir en esa presentación. Pero creo que tendría más valor si lo presentamos los dos, de manera que quede claro que es algo que afecta a hombres y mujeres por igual, y no que es sentimentalismo femenino".

"Me parece bien", dijo Andrew mientras tomaba la calle en dirección a su casa. "Nos vemos el jueves".

Capítulo Cinco

Un jueves como ningún otro

El jueves siguiente, tal como lo habían acordado con Gaby, tan pronto comenzó la sesión, Andrew levantó la mano para pedir la palabra. La tarea que el profe Willy les asignó fue clara y específica; debían identificar cuál es la *vaca* más común utilizada por sus compañeros de colegio, ya fuera prestando especial atención a sus conversaciones, discutiendo con otros miembros del grupo o platicando con sus amigos.

Andrew no tuvo que hacer mayor esfuerzo. La larga conversación con Gaby les había permitido identificar, sin lugar a dudas, la excusa más común —la madre de todas las demás disculpas utilizadas por los jóvenes— no sólo en el ámbito escolar sino en general.

"Me alegra ver su iniciativa señor Stillman", dijo Escalante un tanto sorprendido por el obvio entusiasmo del joven, quien se había mostrado un poco reservado en las reuniones anteriores.

"Durante la semana, eh... Gaby y yo estuvimos hablando sobre, eh... algunas de las presiones externas a las que estamos expuestos en el colegio" comenzó el muchacho, tratando de calmar los nervios que lo hicieron titubear tan pronto escuchó el sonido de su propia voz. "Yo creo que todos sabemos muy bien a qué tipo de presiones me refiero, así que no creo que tenga que profundizar", agregó apresuradamente, buscando librarse de tener que entrar en detalles, "y llegamos a la conclusión que..."

"Espere, espere, espere un momento, señor Stillman", interrumpió Escalante, no dispuesto a permitirle que eludiera las explicaciones que, obviamente, le incomodaba dar y se escabullera por la puerta que tan sutilmente había entreabierto con su último comentario. "No se me acelere demasiado. A ver, ¿por qué no nos evita el peligro de formar conclusiones erradas, y nos dice a qué tipo de presiones se está refiriendo exactamente?"

Andrew vaciló un momento pero, para fortuna suya, cuando se disponía a contestar, escuchó a Gaby que desde la parte de atrás del salón venía en su auxilio. *Qué ironía*, pensó. La voz que días antes le causara angustia en la cafetería, le devolvía ahora la tranquilidad.

"Si me permite usted, profe. Puesto que todo esto fue parte de una conversación que tuvimos Andrew y yo, quisiera contribuir en algo a esta presentación. No quiero que toda la gloria se la lleve él", agregó bromeando.

¡Increíble! Volvió a pensar el muchacho. No sólo había venido en su ayuda, sino que con gran sutileza le estaba ayudando a mantener intacta su imagen ante el resto del grupo.

"Lo que Andrew y yo descubrimos es que todas las presiones a las que muchos de nosotros estamos expuestos en áreas como el sexo, las drogas y el consumo de alcohol, hasta cosas más triviales como la moda y la música, se derivan principalmente de nuestro deseo de ser aceptados por los demás. Yo creo que todos estamos de acuerdo con que nadie quiere ser el solitario de la clase: todos queremos sentirnos parte de un grupo..."

"A los deportistas del colegio esto les queda bien fácil", agregó Andrew, aprovechando la pausa que había hecho Gaby, "porque al entrar al equipo de fútbol, béisbol, básquetbol, o cualquiera de los deportes que se practican en la escuela, pues ya quedan con su grupo de amigos formado desde el primer día. Y digo amigos, porque quiéranlo o no, tienen que aprender a aceptarse, a trabajar unidos y a ayudarse mutuamente, y todo esto facilita la convivencia. Pero a los que no practican un deporte o no tienen otro interés o hobbie para el cual ya exista alguna actividad organizada por el colegio, les toca buscar otros grupos..."

"Y en su afán por experimentar un sentido de pertenencia, por sentir que son aceptados como parte del grupo", complementó Gaby, "muchos jóvenes terminan renunciando a valores y principios que han sido parte de su conducta por largos años, y haciendo cosas verdaderamente absurdas, de las que se excusan con el pretexto que… 'pues como todo el mundo lo hace, ¿por qué no yo?'.

Y estos cambios van desde los puramente estéticos como cambiar su manera de vestir, tatuar su cuerpo o adornarse con todo tipo de argollas y aretes, hasta los más profundos como acoger creencias extrañas, desarrollar odios y resentimientos por cierto tipo de personas o la adopción de una conducta muy despreocupada y desinhibida frente a temas como las relaciones sexuales o el uso casual de drogas.

Ese parece ser el precio de pertenecer al grupo, y todas las excusas y pretextos que utilizamos para justificar esta clase de conductas, tienen su origen en el mismo gran reto: permitir que las presiones externas nos lleven a hacer algo que no queremos o para lo cual no nos sentimos preparados, por el simple hecho de saber que somos parte del grupo.

Inclusive, muchos de los jóvenes que al principio no conciben la idea de pagar tal precio", continuó Gaby en un lenguaje digno de una de sus intervenciones en el consejo estudiantil, "al final sucumben, seducidos no sólo por la presión de sus amigos, sino por la influencia del cine y la televisión que proyectan una imagen de una nueva generación de adolescentes segregados, erráticos y desencantados, que vive embriagada con un explosivo cóctel de drogas, sexo casual y fiesta sin fin donde el 'diga NO a las drogas' ha sido reemplazado por el 'consumo responsable de drogas y alcohol', como si existiera tal cosa".

"Lo absurdo de todo esto", agregó Richard, quien había estado escuchando atentamente a todo lo dicho, "es que estos grupos, que en su momento llegamos a considerar como una segunda familia y en ocasiones sentimos como nuestra única fuente de apoyo y comprensión, no duran mucho más allá de la secundaria, pero los daños hechos como resultado de las decisiones tomadas sin pensar, a veces perduran por el resto de la vida".

"¡Exactamente! Sólo para tener una idea de estas consecuencias que menciona Richard", agregó Gaby mientras buscaba algunas notas en su morral, "permítanme mencionarles un par de estadísticas que encontré, que tienen que ver con las relaciones sexuales entre estudiantes adolecentes: cada año un millón de adolecentes quedan embarazadas en los Estados Unidos, de las cuales menos de una tercera parte terminan la secundaria a causa de su embarazo. Y lo peor de todo es que más de trescientos mil de esos casos terminan en aborto".

La totalidad del grupo estaba absorta frente a tales estadísticas. Cuando terminó de hablar, se hizo un silencio reflexivo que sólo fue roto después de unos segundos por el propio Escalante.

"¿Alguien más investigó otros datos que tengan que ver con más de las "presiones" mencionadas por el señor Stillman y la señorita Martin?"

Julia O'Connor levantó rápidamente la mano. Ella y su mejor amiga, Verónica Aguilera, habían estado deseosas de presentar sus hallazgos mucho antes que Andrew se les adelantara. Son amigas desde niñas y pese a que no asisten a la misma escuela, es común verlas juntas los fines de semana en el centro comercial o el cine departiendo con otros jóvenes.

El reto sobre el cual decidieron trabajar no pudo ser más opuesto a la personalidad de las dos, para quienes su camino por la secundaria no pasaba de unos pocos meses. Quizá por creerlo como algo tan distante y ajeno a su realidad se habían sentido atraídas hacia este desafío en particular.

Jack, el padre de Julia, estuvo a punto de sufrir un ataque cardiaco un par de semanas atrás cuando entró en el estudio y las encontró frente a la pantalla de su computadora leyendo con especial atención un artículo titulado: "¿Qué hacer cuando has caído víctima del alcohol y las drogas?" Ante la sorpresa de las dos niñas, el preocupado papá, que no siempre sabía cómo responder ante situaciones imprevistas, salió inmediatamente del cuarto con una expresión de terror, sin haber proferido una sola palabra. Minutos más tarde, entró de nuevo, esta vez, en compañía de su esposa Emma, que estaba igualmente alterada. Tratando de mantener la calma, el padre les preguntó a las jovencitas si había algún problema del cual quisieran hablar, mientras señalaba con el dedo el alarmante texto que aún se encontraba en la pantalla de la computadora.

Ellas se miraron un poco confundidas, pero al darse

cuenta del motivo del sobresalto de los padres, Julia procedió a aclararles que la razón de su interés en el tema estaba relacionada con el proyecto en el cual estaban trabajando. Y para calmarlos aún más, les recordó las largas horas de conversación, durante las cuales los tres dialogaron sobre todos los retos que seguramente ella encontraría en esta nueva etapa de su vida escolar.

Los O'Connor, una familia muy tradicional y conservadora, se habían asegurado que su hija tuviera claras las *reglas del juego*, como las llamaba la mamá: los "Tres No", a tener en cuenta ahora que ya era una adolecente: no drogas, no sexo, no alcohol.

Las drogas ocupaban siempre el primer lugar en esta lista. La preocupación de protegerla al máximo de este flagelo fue la razón principal por la cual la pareja optó por enviar a su hija a un colegio religioso. Aún así, Julia veía a otras chicas fumando a escondidas en el baño, y había escuchado a algunas de las mismas compañeras que recitaban de memoria los sacramentos de la iglesia en la clase de Religión, comentar en voz baja, durante la hora de almuerzo, sobre las fiestas a las cuales asistían durante el fin de semana, en las que se consumía licor y hasta se fumaba marihuana.

Ahora, parada frente al salón de clase, Julia no sabía exactamente cómo abordar su presentación, especialmente cuando todos los ojos estaban puesto sobre ella; así que decidió empezar leyendo la lista en la que ella y Verónica trabajaron la semana anterior, sin dar explicaciones adicionales sobre lo que se trataba:

1. "Mis amigos me obligaron a hacerlo".
2. "Sólo fue por experimentar a ver qué es de lo que todos hablan".
3. "Todo el mundo lo hace".
4. "Es la única válvula de escape que tengo".
5. "Sólo se es joven una vez".
6. "Es sólo para relajarme un poco; es mi manera de lidiar con el estrés del colegio".
7. "No quiero ser el único santurrón del grupo".
8. "Es el único vicio que tengo, no veo por qué debo privarme de él".
9. "La culpa es de Hollywood que le mete a uno todos estos vicios por los ojos".
10. "Esto no se puede considerar en realidad una droga; si hasta la venden en las farmacias".

A continuación Julia procedió a describir la manera como habían recopilado esta lista. Las dos chicas encuestaron a decenas de compañeros de sus respectivos colegios y vecindarios, con el fin de identificar las diez excusas más comunes que utilizan los jóvenes para justificar el uso de drogas y alcohol. No preguntaron nombres, drogas preferidas, ni si la persona había tenido alguna experiencia propia o ningún otro tipo de información que pudiera comprometer a nadie. Sólo las excusas, pretextos y justificaciones; y las escribieron tal como las habían escuchado.

Cuando terminó de leer la lista, Verónica, quien estuvo a su lado todo el tiempo, tomó la palabra. "Al igual que con el tema anterior, en el caso de las drogas, incluidos el alcohol y el cigarrillo, la razón principal detrás de todas estas excusas parece ser la misma: la idea que el experimentar con ellas es un requisito para ser aceptados por sus compañeros, que facilitará su ingreso a este nuevo círculo social, y los hará parecer más independientes y dueños de sí mismos. Lamentablemente, las consecuencias a largo plazo son igualmente terribles.

El 28% de todos los jóvenes entre los doce y veinte años reportan que consumen alcohol. Eso es más de diez millones sólo en los Estados Unidos, y cada día más de tres mil menores de edad se convierten en fumadores frecuentes".

"Bueno, pero fumar o tomarse unas cervezas en una fiesta no es estar en drogas", añadió Albert desde su asiento.

Sin embargo, Escalante sabía que el peligro con esta actitud un tanto despreocupada es que, aunque el tabaco y el alcohol no parezcan tan peligrosos como otros vicios, la realidad es que más de la mitad de los jóvenes que terminan adictos a drogas más fuertes, comenzaron fumando y consumiendo licor.

"Los resultados son siempre los mismos", apuntó tímidamente Mathew Wang, quien juega en el equipo de futbol de su colegio, dándose vuelta para poder dirigir su comentario directamente a Albert que se encontraba justo detrás de él. "El problema con muchas drogas es que no parecen drogas. Cuando uno escucha a los padres diciendo, 'no te metas en las drogas', cree que le están advirtiendo que no se meta con cocaína, o marihuana, o heroína. Pero hay muchas otras sustancias que también te pueden matar. El año pasado, cuando recién empecé a jugar, nos enfrentamos contra otra escuela donde acababa de morir uno de los jugadores de un ataque cardiaco fulminante. ¿Se imaginan? ¡Un ataque cardiaco a los 17 años!

Después de toda la investigación se descubrió que él llevaba más de dos años inyectándose esteroides para desarrollar la musculatura, por miedo a que lo sacaran del equipo. Lo más estúpido de todo es que cuando le preguntaron a sus compañeros si alguno de ellos sabía que él los usaba, ninguno dijo que sí, pero más de uno apuntó: 'todo el mundo lo hace'.

Pero eso es una mentira ¡No todo el mundo lo hace! Yo no lo hago. De hecho, si tuviera que hacerlo para permanecer en el equipo, prefiero renunciar. No tiene sentido, arriesgar la vida por miedo a ser rechazado".

Escalante había estado observando calladamente la dinámica de la conversación y pidió la palabra. "Bueno, es claro que las estadísticas no son nada alentadoras en lo que concierne a los temas que hemos tratado hoy. También es evidente que todas estas conductas irresponsables y hasta autodestructivas parecen tener el mismo origen: el deseo de ser aceptados, creer que son una exigencia de la vida social de los jóvenes, o una alternativa para lidiar con las presiones y el estrés de la escuela. Lo importante es que también hemos escuchado algunas de las vacas que utiliza la juventud para racionalizar estos comportamientos, para saber reconocerlas cuando aparezcan y hemos oído las consecuencias de cargar con ellas.

Y todo comienza con un amigo preguntando, '¿quieres probar esto? Anda, no seas inmaduro'. Para muchos ese es el principio del fin. Yo no pretendo saber qué impulsa a algunos a caer en las drogas, lo único que sí sé es que las consecuencias no sólo son catastróficas para ellos sino para cuantos los rodean. Me van a perdonar si parece que les estoy hablando como sicólogo", dijo Escalante con una sonrisa medio socarrona, "pero les prometo que será una de las pocas veces que lo haga.

Hace algunos años tuve a un estudiante en mi oficina, que temía que fuera a hacer algo estúpido con su vida. Todo comenzó cuando él y su novia terminaron una relación de casi dos años. Primero, empezó a faltar a sus clases, después, a consumir alcohol y algunas drogas, hasta que cayó víctima de una profunda depresión.

Cuando vino a mí, el pobre muchacho estaba al borde del abismo. Me contaba que por las noches escuchaba a su madre llorando en la cama debido al cambio súbito en su manera de ser. Pero en lugar de reparar en su error, el verla sufrir le daba más poder. Sabía que las drogas que usaba eran la causa de su llanto, y me confesó que, increíblemente, eso lo hacía sentir más poderoso, porque sabía que al hacerlo estaba hiriendo a alguien más de la misma manera que él había sido herido. Un día me dijo algo que me heló la sangre: 'Ese poder para lastimar se convirtió en una adicción'. En cierta ocasión atacó a un muchacho del colegio que nunca había visto antes, un desconocido; y lo hizo por la simple razón de causarle dolor, por nada más".

Porque veo al final de mi rudo camino que yo fui

el arquitecto de mi propio destino, pensaba Richard mientras escuchaba absorto a Escalante, "¿Qué sucede cuando es demasiado tarde?" Se aventuró a preguntar. "¿Qué pasa cuando estás en las drogas, cuando has caído preso de un vicio del cual no puedes salir o en una situación que ya no puedes cambiar?"

"Nunca es *demasiado tarde* señor Romero. No importa qué tan perdido crea estar uno, siempre podemos cambiar nuestra vida. Es más, me ha dado usted una brillante idea para terminar la sesión de esta semana con una historia digna de los estudiantes de la Academia Weldom. Así que, al mejor estilo del profesor John Keating, quiero dejarlos con el siguiente relato, que sin duda nos permitirá apreciar que nunca es tarde para cambiar, si estamos dispuestos a aceptar la responsabilidad por nuestro futuro".

Definitivamente voy a tener que ver la película, pensó Richard, sonriendo, mientras se acomodaba en su asiento.

"Antes de continuar", dijo Escalante, "quiero saber cuántos de ustedes son *fans* de la música clásica". Con excepción de John Alexander, que tímidamente movió su mano, nadie más dio señal de sentirse aludido.

"No importa. Estoy convencido que después de lo que les voy a contar, este género tendrá un par de nuevos adeptos. Es más, cuando lleguen a casa esta noche quiero que entren a YouTube y realicen una búsqueda de los videos sobre 'George Frideric Handel'. No esperen encontrar un video de él, ya que murió en el año de

1759, si mal no estoy. Sin embargo, lo que sí hallarán son algunas de sus composiciones más famosas.

A pesar de no recibir ningún apoyo por parte de sus padres, Handel fue un prodigio musical. A los doce años de edad ya era asistente de organista en la catedral de su ciudad natal. Antes de cumplir sus veintiún años ya había compuesto dos óperas y a los cuarenta era mundialmente famoso, un gran logro si se tiene en cuenta que a mediados del siglo XVIII no había casas disqueras, CDs, IPod ni Internet.

Sin embargo, cuando parecía estar en la cima del éxito, las cosas comenzaron a cambiar. En varias ocasiones estuvo al borde de la bancarrota, y como si eso no fuera suficiente, sufrió un derrame cerebral que le dejó su brazo derecho paralizado y le causó la pérdida del uso de cuatro dedos en su mano. A pesar que logró recuperarse físicamente, estaba tan deprimido y consumido por las deudas que temía terminar en la cárcel, así que simplemente se dio por vencido. Dejó de componer y se dispuso a enfrentar un futuro miserable y nada prometedor. Podríamos decir que, ya sea como resultado de circunstancias desafortunadas o decisiones poco acertadas, Handel se había hecho a un gran número de vacas que lo estaban condenando a una existencia mediocre.

Estoy seguro que en ese momento, señor Romero, Handel llegó a sentir que no había nada que pudiera hacer; que simplemente, era demasiado tarde. A pesar de eso, en el punto más bajo de su vida, le fue ofrecida la oportunidad de escribir la música para un nuevo libreto basado en la vida de Jesús.

Handel pudo haberse negado con una de las muchas vacas que tenía a su alcance: 'Estoy terminado', 'es demasiado tarde' o 'he desperdiciado los mejores años de mi vida'. Él pudo haber ofrecido cualquiera de estos pretextos para justificar el no hacer nada.

No obstante, en un momento de valentía, decidió no permitir que las circunstancias adversas continuaran gobernándolo. En otras palabras, señor Romero, optó por matar esta vaca que a ese punto de su vida estaba amenazando con condenarlo a la mediocridad.

Así que con renovado entusiasmo comenzó a escribir nuevamente. Y tan sólo tres semanas más tarde ya había terminado un libreto de 260 páginas. Lo llamó: *El Mesías*. Con el tiempo, El Mesías de Handel ha llegado a convertirse en la pieza de música clásica más interpretada en toda la historia. Se dice que el mismo Beethoven, al escucharla proclamó a Handel como el mejor compositor que haya existido.

Esto, de un hombre que meses antes llegó a pensar que estaba acabado y que ya era demasiado tarde para él. La lección es simple: en la vida, o te conviertes en la víctima de las circunstancias adversas que puedas estar enfrentando, o triunfas a pesar de ellas. Es decisión de cada uno de nosotros.

¡Carpe Diem! Nos vemos la próxima semana".

Capítulo Seis

Las vacas en el cyberspace

El martes en la noche, después de haber terminado sus deberes escolares, Jennifer se conectó a Internet, entró a su página personal de Facebook y como de costumbre, procedió a mirar si tenía mensajes pendientes de alguno de sus 122 amigos. Este era un ritual que realizaba hasta una docena de veces por semana y algo de lo que había aprendido a depender para gran parte de su vida social. Tenía amigos —si se les podía llamar de esa manera— de once países distintos.

Por supuesto, a la mayoría de ellos no los conocía personalmente y sabía muy poco de su vida, pero tenía varias amigas del colegió y del vecindario con quienes se relacionaba a través de su página, aunque la comunicación con las más cercanas no ocurría a través de Facebook, sino por texting con su teléfono celular.

Pese a que en algunos colegios privados, está totalmente prohibido el estar en posesión de un teléfono móvil en los predios del plantel, y el violar esta norma es causal de suspensión, las escuelas públicas no aplican esta medida con mucho rigor. Algo que Jennifer agradecía sobremanera, ya que gran parte de sus amigos eran virtuales, como ella misma lo señalaba burlonamente. Se jactaba de decir que tenía amigos, muchos, mayores que ella, algo que en la vida real, le hubiese sido rotundamente prohibido.

Después de contestar los tres correos que vio en su bandeja de entrada, con respuestas de cinco o seis palabras que parecían haber sido escritas en otro idioma, se dispuso a dejar un mensaje en su muro para que pudiesen verlo todos sus amigos.

> **Jenny:**
> Hola todos:
> Tengo un trabajo en la escuela y creo que alguien aquí me puede ayudar. Debo responder la siguiente pregunta:
> ¿Cuál es el reto más grande que debemos enfrentar los jóvenes hoy en día?
> Gracias por cualquier sugerencia,
> J. B.

Jennifer sabía que en menos de 24 horas tendría material suficiente para hablar una semana entera con el profe Willy y el resto del grupo sobre el tema.

Cuando se disponía a desconectarse, sólo dieciocho segundos después de haber escrito el mensaje, una pequeña luz verde comenzó a titilar en la parte inferior de la página indicando que alguien estaba conectado en ese mismo momento, había leído la pregunta y quería hablar. Una pequeña ventana para chatear se abrió.

Víctor:
¿Jenny? ¿Cómo estás?

Jenny:
 Oye, ¿no tienes nada que hacer sino estar esperando a ver quién se conecta?

Víctor:
Mira quién habla. ¿Ahora usas Facebook para hacer las tareas del colegio?

Jenny:
Si te conectaste para criticar otra vez pues me voy.

Víctor:
¡Cálmate! Era sólo una broma.

Jenny:
Tú siempre con tus comentarios criticones. A veces cuando entro y veo que estás conectado me desconecto inmediatamente sólo para no tener que escuchar tus burlas —Ella creía que Víctor, quien era sólo un año mayor que ella, pretendía ser un adulto en la red, sólo para andar con sus críticas puntillosas—.

Víctor:
¡Oye! ¡Pero qué comiste hoy al desayuno que estás tan sensible!

Jenny:
Bueno, me voy.

Víctor:
¡Espera! Ok, lo siento. Sobre la pregunta, ¿es para tu clase de sicología?

Jenny:
Algo así –respondió, aún irritada y sin querer entrar en detalles–.

Víctor:
Pues déjame ver qué se me ocurre...

En ese momento salió un comentario de alguien más que se había unido al grupo. Ellos no se habían percatado de su presencia a causa de la cyber-pelea en la que estaban envueltos. Era Megan Shultz, o Megan411 –su nombre de usuario en la mayoría de los sitios de Internet en que estaba registrada– amiga de Jennifer.

Megan411:
Hola chicos. Veo que he llegado tarde a la pelea de hoy... je je je. He estado viendo de lo que están hablando –mejor dicho, riñendo– y se me ocurre que tienes la respuesta a lo que buscas frente a ti.

Jenny:
¿A qué te refieres? No te entiendo.

Megan411:
Pues a tus peleas con Víctor.

Jenny:
¿Estás bromeando o has perdido la razón?

Megan411:
Hace unos minutos te quejabas que Víctor siempre está criticándote y burlándose de ti cuando entras a la web y que en ocasiones hasta te desconectas sólo para evitarlo. Pero sabías que...

Jenny:
Bueno, ¿vas a decir qué es lo que tienes en mente o me vas a tener en suspenso? –Mientras tanto Víctor observaba esta conversación en su pantalla, presintiendo, por la insinuación de Megan, que no saldría muy bien librado—.

Megan411:
No te ofendas Víctor, pero tú sabes que a veces llevas tus críticas demasiado lejos y te conviertes en un bully.

Víctor:
Más respeto por favor, ahora no me hagas parecer como el malo del paseo, que Jennifer también tiene su geniecito –respondió Víctor, obviamente contrariado—.

Jenny:
Oye Megan, la verdad no se para dónde vas con esto. ¿Me quieres decir que tú crees que el bullying es uno de los retos más grandes que enfrentan los jóvenes de hoy? Si llego con eso a la reunión del jueves voy a ser el hazmerreír de todos.

Jennifer sabía lo que era el "bullying"; sin embargo, nunca lo habría considerado como un problema mayor. Era más bien una molestia pasajera que a veces tocaba soportar. Pronto se daría cuenta lo equivocada que estaba.

Infelizmente, esta palabra inglesa que significa intimidación o amenaza, y abarca todas las actitudes agresivas intencionadas que, de manera continua, adoptan algunos estudiantes en contra de otros, se ha convertido en un fenómeno actual en las escuelas. Es alarmante el gran número de casos de agresiones y acoso que se detectan frecuentemente, y que provocan que, para muchos niños y jóvenes, la vida escolar se haya convertido en un verdadero infierno.

Megan411:
Piénsalo un poco más detenidamente. A lo mejor las críticas de Víctor no pasan a mayores, de la misma manera que el encuentro con un bully en un pasillo medio desocupado en la escuela, aunque traumático y denigrante, no es algo de lo que se entere todo el mundo, pero imagínate un cyber-bully.

Jenny:
¿Un qué? ¿Me estás tomando del pelo?

Víctor:
No, espera. Es cierto, y no es que esté admitiendo que yo soy uno, pero hace poco leí en un blog acerca de una chica que se suicidó como resultado del Cyber-bullying.

Jenny:
¿Es eso cierto o es otra de tus bromas?

Víctor:
¡No! Va en serio. Una mujer como de 40 años se metió a una de las redes sociales, abrió una cuenta, haciéndose pasar por un muchacho y comenzó a hostigar y fastidiar a una chica de 14 años que estudiaba en el mismo colegio de su hija. Seguro las dos tenían alguna bronca entre manos y la madre decidió "ayudar".

Primero, se hizo amiga –o mejor dicho, amigo– de la joven, y después que ganó confianza en su red de amigos, puso en acción su siniestro propósito: escribió algo bien ofensivo contra la compañera de su hija, como que ella serviría más muerta que viva y que su novio estaba planeando dejarla. Ese era su verdadero objetivo, avergonzarla y humillarla frente a todos sus amigos. Lo único fue que el plan funcionó tan bien que la pobre muchacha, que ya sufría de depresión, se sintió tan ofendida por esta humillación que terminó suicidándose.

Megan411:
¿Qué piensas ahora del cyber-bullying como un gran reto? Como si no fuera suficiente que lo atormenten a uno en la escuela, ahora también hay que aguantar el acoso por Internet.

Jenny:
No tenía idea que esto ocurriera.

Megan411:
Pues en mi escuela hubo un caso parecido. Un chico terminó su relación con su novia y, como todo buen bully, empezó a humillarla frente a la gente de la escuela, pero como ella no le prestó mucha atención, pues el muy cretino comenzó a escribir en la página dónde estaban todos sus amigos que él había tenido sexo con ella, y a decir una sarta de mentiras para ponerla en ridículo públicamente. Llegó al colmo de colocar todas las fotos que tenía de ella y los mensajes que ella le había dejado en su teléfono móvil; nada terriblemente embarazoso, pero nadie quiere que esas cosas que uno dijo con carácter privado ahora estén en voz de todo el mundo.

Como se podrán imaginar, la web se encargó de regar la noticia y la pobre chica fue víctima de toda clase de burlas y humillaciones. Lo último que supe es que estuvo deprimida por mucho tiempo hasta que finalmente se cambió de escuela.

Jenny:
Buenos amigos, gracias por su ayuda. Creo que voy a investigar más sobre el tema. Bye

Después de salir del chat, Jennifer entró en Google para buscar más información al respecto. No estaba segura que el bullying y el acoso fueran una excusa –o una vaca, como el profe la llama–. Después de todo, es claro que la víctima es en realidad una víctima de la misma manera que el bully es sin duda el victimario. También es evidente que este es un gran reto que muchos jóvenes deben enfrentar.

De hecho, para sorpresa suya, descubrió que de todos los retos de los cuales hablan los chicos en la mayoría de los colegios de los Estados Unidos, el bullying está a la cabeza de la lista. De acuerdo a uno de los artículos que pudo encontrar en Internet, la Asociación Nacional de Sicólogos Escolares, reporta que cada día en los Estados Unidos más de 160 mil niños y jóvenes no van a la escuela por miedo al acoso de otros estudiantes.

Otra encuesta, auspiciada por el Centro de Control de Enfermedades, también reporta estadísticas aún más alarmantes: El 81% de los estudiantes entrevistados admitieron acosar a alguno de sus compañeros de una u otra forma. Esto confirma estudios anteriores que encontraron que el 75% de los adolescentes en los Estados Unidos han sido víctimas del bullying.

Es obvio que el bullying es un problema real, no una simple excusa, pensaba mientras repasaba estas estadísticas. De repente una manera totalmente distinta de ver este reto comenzó a tomar forma en su cabeza. *¿Sería posible que la "vaca", tras la que se escudaba este serio problema, fuera de los dos? ¿Tanto del victimario —el bully— como de la víctima?*

Después de leer varios artículos, Jennifer empezó a notar que cuando se discute el tema del acoso escolar deliberado y continuo que recibe un niño o joven por parte de otros, ya sea físico (empujones, patadas, agresiones con objetos), verbal (insultos, burlas, apodos y menosprecios en público) o sicológico (socavar la autoestima y provocar una constante sensación de temor), el énfasis se limita a denunciar los crueles ataques que las víctimas deben soportar, las burlas o las agresiones que reciben, que terminan por minar su autoestima y provocan su exclusión del ambiente social de la escuela.

Sin embargo, pocas veces se busca entender las razones del bully para su comportamiento agresivo o tan siquiera se cuestiona a profundidad el papel que juega la víctima en su propio acoso. Casi siempre se concluye que el único objetivo del acosador es someter y asustar a su víctima para obtener algún resultado favorable o simplemente para satisfacer su necesidad de agredir, mencionando que este comportamiento nocivo ocurre y se mantiene debido a la ignorancia o pasividad de las personas que rodean a los agresores y a sus víctimas.

De particular interés para Jennifer fue descubrir que muchas veces el problema con los bullies tiene su inicio en conductas de los padres, ya que muchos de ellos ven este comportamiento como inofensivo, no creen que sea algo malo, sino cosa de chicos. Para ellos es natural que los niños sean agresivos física y verbalmente.

Algunos padres incluso se encargan personalmente de colocar pensamientos errados en la mente de sus hijos, ya sea inconscientemente o a propósito −como resultado de sus propios prejuicios−.

Si desde niño alguien escucha en su entorno decir que ser "gay" no sólo debe ser repudiado sino castigado severamente, no debe sorprendernos entonces que cuando este niño crezca su comportamiento contra las personas homosexuales refleje los pensamientos que ha venido escuchando desde su niñez de labios de sus progenitores. No es de extrañarse que él decida ser un bully contra aquellos individuos que perciba como homosexuales, independientemente que lo sean o no.

Como es de esperarse, si el niño escucha con frecuencia en su círculo familiar que ciertas personas merecen ser acosadas o que otros son inferiores, o que no deben ser parte de la comunidad, esto hace que ellos crezcan ridiculizando a los que sus mayores criticaban.

La víctima es igualmente culpable. ¿Cuál es su falta? Dejarse influenciar tanto por las críticas de los demás que termine por darle más valor a lo que otros piensen de ellos que a la imagen y opinión que tengan de sí misma. En lugar de decir: "no me importa lo que tú pienses de mí", y "no voy a aceptar tus ataques dócilmente", se muestra débil y sumisa, lo cual da pie al bully para continuar con su acoso. Y así, permite que la situación escale al punto de ser tan insoportable que se rehúsa ir al colegio y finge todo tipo de dolencias para evitar ir a la escuela, antes que admitir ante sus padres o profesores que está siendo víctima de un "bully" o un grupo de compañeros que le están haciendo la vida imposible.

Antes de aventurarse a compartir esto con todos, Jennifer decidió primero escuchar qué opinaba el profe al respecto. Siguiendo las instrucciones que le había dado al grupo, respecto a cómo discutir con él cualquier cosa en tiempos distintos a la reunión de los jueves, Jennifer le envió un email la noche anterior y ahora se disponía a llamarlo a su oficina a las cuatro de la tarde, hora en que él normalmente termina con las labores de la escuela. Marcó el número de teléfono y esperó:

"¿Profe? Es Jennifer Blum. No sé si tuvo tiempo de leer el correo que le envié ayer".

"¡Me gustó! No un poco, me gustó mucho", exclamó Escalante con especial entusiasmo.

Frente a él tenía las dos hojas impresas que ostentaban el sugestivo título:

**"Victima y Victimario: cómplices
en un mismo vicio"**

Al otro lado del auricular Jennifer dejó escapar una sonrisa de satisfacción.

"John Keating y sus alumnos de la Academia Weldom hubieran encontrado este título, hum... poético", agregó Escalante. "Esa es la palabra indicada. Sin duda, este será uno de los retos finalistas. Ha logrado usted, señorita Blum, dejar al descubierto quizás el mayor desafío que enfrentan los adolecentes en mi humilde opinión: el prestar más atención a las opiniones y críticas de los demás que a la imagen positiva que puedan tener de sí mismos; y debo decirle que no deja de intrigarme el ejemplo tan peculiar, pero tan acertado, que escogió para ilustrarlo. ¿Cómo se le ocurrió este enfoque?"

"Es una historia larga".

"Pues vale la pena que la comparta con sus compañeros en nuestra próxima reunión. Se necesita mucho valor para presentar este tema desde los puntos de vista de las dos partes implicadas, ya que la predisposición es a exonerar completamente a la víctima y depositar la totalidad de la culpa en el infractor; en este caso el bully. Como resultado de esta tendencia, le resulta fácil a la víctima del acoso y las críticas, excusar su debilidad tras la vaca de 'la culpa no es mía sino de los que me acosan y critican', sin detenerse a pensar que, como dice el dicho: se necesitan dos para bailar el tango".

"Pues la verdad profe, me preocupaba pasar por insensible ya que es claro que cientos de miles de estudiantes enfrentan este tipo de discriminación. Sin embargo, lo importante es que las personas que sufren este acoso dejen de verse como víctimas y aprendan cómo responder".

"Bravo señorita Blum. Lo ha dicho tal como es. Estoy convencido que por insensible que pueda parecer", agregó, examinando unas notas que había hecho en la margen del documento, "la naturaleza se encarga de permitir que cada persona atraiga hacia sí misma los resultados de sus pensamientos dominantes, tanto constructivos como destructivos. Tanto la debilidad como la fortaleza de cada individuo, su condición de vida, su integridad o corrupción son suyas y de nadie más; emanan de adentro; él mismo las crea, y no otro, y sólo él puede alterarlas. Una persona fuerte no puede ayudar a una débil a menos que esta desee ser ayudada. Y aún así, la débil debe hacerse fuerte por sí misma, por su propio esfuerzo, ya que nadie más que ella puede alterar su condición".

"Pero, ¿no está usted exonerando al bully de toda culpa?"

"¡No! Yo creo que, efectivamente él es el malo de la película. Sin embargo, es común creer que la razón por la cual muchas personas viven bajo el yugo del acoso, la esclavitud, el abuso, o la discriminación, es debido a la opresión de otros. Así que despreciamos a los opresores. Sin embargo, la otra cara de la moneda es que muchos jóvenes y adultos son 'bullies' porque otros optan por resignarse al papel de víctimas, y aceptan ser acosados, abusados y discriminados.

Déjeme preguntarle algo, ¿se puede imaginar a Brad Pitt como una víctima de un bully?"

Jennifer soltó una carcajada, pero rápidamente recobró la compostura y dijo: "Brad Pitt nunca dejaría que eso le sucediera a él".

"Sin embargo, ¿se ha puesto a pensar que todos los días, durante los últimos diez años, Brad se despierta a la realidad que, mientras dormía alguien ha publicado una nota, artículo, fotografía o comentario más en Internet o en una revista o periódico atacándolo y ridiculizándolo a él y a su familia? Imagínese prender la televisión y ver a alguien más discutiendo nuestra vida privada, sin que podamos hacer mucho al respecto, o no tener la posibilidad de salir a la calle sin que nos asalte algún *paparazi*, tratando de sorprendernos en alguna situación que le permita continuar alimentando los chismes que se tejen alrededor de nuestra persona."

"¿Profe, cuál cree usted que ha sido su fórmula?"

"Buena pregunta. De hecho él mismo dio la respuesta en un reportaje que le hicieron hace unos meses. Sorprendentemente, su respuesta es muy similar a lo que usted ya encontró. Él presta más atención a la opinión que tiene de sí mismo que a lo que puedan pensar los demás. Así que opta por ignorarlos y no permite que ellos le digan cómo pensar y actuar. Y cuando dichos comentarios llegan al punto de convertirse en ataques difamatorios e incendiarios, pues demanda al periódico o la revista y ya está. Eso es lo que yo llamo enfrentar al bully y derrotarlo en su propio juego".

"¡Vaya!" Exclamó Jennifer al otro lado del teléfono, sin preocuparse de ocultar su admiración por uno de sus héroes de la pantalla grande.

"Bueno, señorita Blum, es hora de marcharme a casa, pero antes de terminar nuestra conversación, quisiera sugerirle, si me permite el atrevimiento, que debajo del título de su proyecto, escriba la siguiente frase de Eleonor Roosevelt, esposa del presidente Franklin Delano Roosevelt. ¿Tiene lápiz y papel?"

"Sí, sí, adelante profe".

"Nadie puede hacerte sentir inferior sin tu consentimiento".

Durante el camino a casa, pensando aún en su conversación con Jennifer y en las secuelas del acoso escolar, particularmente el caso de suicidio que ella había investigado, Escalante recapacitó en lo irónico que resultaba el hecho que sólo un mes después de la celebración del "Día Internacional de la Juventud", se celebrara el "Día Mundial de Prevención del Suicidio".

Desde el año 2003, por iniciativa de la Asociación Internacional para la Prevención del Suicidio y la Organización Mundial de la Salud, cada 10 de Septiembre se viene celebrando este día para fomentar en todo el mundo compromisos y medidas prácticas para prevenir el suicidio. No es para menos, las estadísticas son alarmantes: casi tres mil personas ponen fin a su vida cada día, y por cada una que lo logra, por lo menos veinte más lo intentan.

Un gran número de estos individuos eran jóvenes comunes y corrientes, que iban a la escuela y que, en muchos casos, no daban muestra de que nada malo estuviera ocurriendo en su vida.

Debido a su trabajo, Escalante conocía estas estadísticas demasiado bien: El suicidio es la tercera causa de muerte más frecuente entre los jóvenes de 15 a 24 años de edad, y la sexta causa de muerte entre los niños de 5 a 14 años de edad. El acoso escolar no es la principal razón, aunque es una de ellas.

No es un secreto que los adolescentes experimentan fuertes sentimientos de estrés, confusión, dudas sobre sí mismos, presión para lograr el éxito y una gran variedad de temores mientras crecen. Para algunos, el divorcio de sus padres, enfrentar una nueva realidad con padrastros y hermanastros, las mudanzas a nuevas escuelas, suelen intensificar este estrés.

Como sicólogo, Escalante había aprendido que

cuando un niño o un adolescente dice, "Yo me quiero matar" o "Yo me voy a suicidar", hay que tomarlo muy en serio. Antes era extraño escuchar esto de labios de un joven que hasta ahora estaba empezando a vivir, pero ahora los jóvenes hablan del suicidio con una naturalidad y tranquilidad espeluznante. Lo ven como una "solución", como una salida a sus problemas y preocupaciones. Parecen no entender que lo que está en juego es su vida. Sin embargo, él siempre ha notado que entre los adultos que tienen contacto con estos jóvenes, este continúa siendo un tema tabú, sobre el cual no se habla abiertamente y prefiere evitarse, pues nos obliga a cuestionar el ámbito familiar y social en que vivimos.

Y como si esto no fuera suficiente, en los últimos años se viene viendo un deterioro alarmante en los mensajes que aparecen en mucha de la música más popular entre los jóvenes, los cuales exaltan, idealizan y hasta promueven temas como el abuso de drogas, la violencia y otros temas auto-destructivos, y presentan el suicidio como una "alternativa" o "solución".

En la universidad, Escalante estudió con especial interés los diferentes significados y causas del suicidio. Contrario a lo que muchos piensan, el principal motivo, pocas veces es el auto-castigo para mitigar la culpa o pagar por una falta real o imaginaria o un acto negativo por el cual el suicida en potencia se siente responsable.

De hecho, un intento de suicidio no puede considerarse como un acto plenamente dirigido por el deseo de morir, sino como un angustioso conflicto interno, una lucha entre el deseo de morir y el de seguir vivo. Quien intenta suicidarse, lucha internamente entre ambos deseos. Para Escalante este punto es vital para ayudar a estos adolescentes ya que quiere decir que en el interior del joven existe un deseo de seguir viviendo.

Tan absurdo como pudiera sonar, hay una intención positiva en todo intento de suicidio. Para muchos no es propinarse un castigo sino huir, escapar de una situación dolorosa o estresante atentando en contra de su vida, la cual perciben como insoportable. Dicha situación suele ser una desilusión o una frustración, la pérdida de algo o alguien de gran importancia, o una enfermedad grave, que lleva al individuo a pensar que "no hay otra salida".

Para otros, el motivo es la venganza; atentan contra su vida para provocar el remordimiento de alguien o para ocasionarle culpabilidad e infligirle desaprobación a alguien más.

Otros lo ven como un sacrificio, en donde el individuo atenta contra su propia vida, pensando que el hacerlo le permite adquirir un valor o un estado considerado superior; es la idea de "morir por una causa".

Para algunos, principalmente jóvenes, la idea del suicidio es una manera de jugar con su vida. ¿Cuántos individuos han muerto jugando a la ruleta rusa? Entre muchos grupos de adolescentes, esta es una manera de probarse a sí mismo y a los demás que se es valiente y parte del grupo.

Sin embargo, el motivo con el que el propio Escalante ha tenido que lidiar en varias ocasiones es el del intento de suicidio como llamada de atención o chantaje. Con ello, el suicida pretende ejercer presión o llamar la atención de otra persona.

Ahora bien, si el fin del acto es comunicar un estado de descontento en general, el joven espera ser descubierto antes de morir, puesto que aquí el objetivo real no es quitarse la vida, sino comunicar algo por medio del intento de suicidio, creyendo que así se puede cambiar el trato que se recibe de los demás.

Por su parte, para lidiar con la vergüenza provocada por los numerosos suicidios e intentos de suicidio, la sociedad prefiere no hablar mucho de esta tragedia. Hallamos demasiado difícil conciliar la idea que nuestros jóvenes encuentran la vida tan dolorosa que de forma consciente y deliberada se causan la muerte. En muchos casos llegamos al punto en que preferimos pensar en estos intentos como "accidentes". Esto es mucho más fácil que tener que plantearnos preguntas como: "¿Qué dolor insoportable estaba sufriendo mi hijo para justificar un fin así?", "¿Cómo es posible que yo no me haya dando cuenta de esto? o ¿Pude haber hecho algo para evitar esta tragedia?"

Pero Escalante sabía que es mucho lo que puede hacerse para prevenir este gran flagelo de la juventud. Quizás, de cierta manera, la presentación de Jennifer sería un primer paso, una llamada de atención hacia la necesidad de mantener una comunicación abierta entre padres, hijos y educadores para presentarle un frente unido a este gran reto que la juventud enfrenta en este nuevo milenio.

Capítulo Siete

¿De quién es la culpa?

John Alexander sabía de qué excusa quería hablar; era en lo único en lo que había podido pensar mientras Escalante relataba la historia de esa familia que permitió que su vaca los privara por tanto tiempo de vivir una vida sin pretextos ni limitaciones para alcanzar todo lo que querían. Más aún, después de aquella primera reunión, una vez pudo ver que había venido cargando con la misma vaca por varios años, decidió liquidarla de una vez por todas. El sólo hecho de haber tomado esta decisión le hacía sentir como si un gran peso hubiese sido quitado de sus hombros.

Desde que tenía memoria, John amaba la música en todas sus expresiones, tanto que hoy espera con entusiasmo y anticipación las lecciones de piano que toma todos los martes y viernes, pese a que en un principio, cuando su madre lo registró en ellas, él protestó. Le deleita cantar en el coro del colegio, pero por sobre todo le apasiona el baile. No cualquier tipo de baile: el ballet. Desde aquel día lluvioso de diciembre cuando ella lo llevó a ver *El Nutcracker* de Tchaikovski, durante la época de navidad unos años atrás, John descubrió la vocación a la que quería dedicar el resto de su vida.

Pero en lugar de compartir esta pasión con sus padres y amigos, sintió que lo mejor era guardarla para sí mismo. Sin duda, hablar de sus sentimientos por el ballet sólo sería fuente de burlas, discusiones y malos ratos. ¿Qué pensarían sus padres si su único hijo resultaba bailarín? Sus dos hermanas mayores no tenían ninguna inclinación musical, lo cual, sentía él, lo ponía en una situación aún más difícil.

Estaba seguro que ni siquiera su madre respaldaría esa decisión. Una cosa eran las clases de piano, que parecían obligadas entre las familias de aquel vecindario; otra cosa era dedicar su vida a una profesión tan poco común.

¡Sus amigos lo entenderían menos! ¡Ya se imaginaba sus burlas! ¿Qué otra cosa podían pensar? Cuántos bailarines de ballet clásico conocían. Si por lo menos estuviera hablando de bailar *Hip Hop, R&B* o cualquier otra cosa por el estilo, no estaría tan mal, pero ¿ballet?

En cierta ocasión, cuando el tema de los estudios y las diferentes profesiones salió a flote en una charla con su mejor amigo, John trató de insinuar su inclinación por el baile de manera muy sutil, para ver qué pensaba él de la idea. Su amigo creyó que era una broma, y expresó categóricamente que a su modo de ver, los bailarines, sin duda, eran todos gay. Y aunque a él le pareció un comentario ignorante y sin sentido, no se atrevió a refutarlo por temor a lo que su amigo pudiera pensar.

¿Su padre? ¡Ni se diga! Él era caso perdido. En numerosas ocasiones les había expresado a él y al resto de la familia su deseo por que John siguiera sus pasos en el campo del derecho. Su abuelo y su padre eran abogados y por lo tanto, ahora era su responsabilidad continuar con esa gran tradición.

John Alexander no podía imaginarse la reacción de su padre si le confesaba que no sentía absolutamente ninguna atracción por las leyes y que en lugar de eso, deseaba ir a la academia de música y luego continuar sus estudios de ballet clásico.

Sería un golpe demasiado duro para él, pensaba el chico. No podía defraudarlo de esa manera, después de todo lo que él ha hecho por su educación. Así que mucho tiempo atrás había tomado la decisión que si para hacer felices a sus padres debía resignarse con ser abogado, pues eso sería lo que haría.

Pero cuando el profe Willy terminó de contar aquella historia, él entendió claramente cuál era su *vaca.* Hasta ese momento no se había atrevido a celebrar su sueño, a hablar de él ni a defenderlo a capa y espada si fuera necesario, por temor a defraudar a sus padres o a ser el blanco de las burlas de sus amigos. Y ese temor sumado a la absurda idea de creer que debía complacer a todo el mundo, le habían hecho optar por ocultarlo, y pretender que tenía todo bajo control. Pero cuando cerraba los ojos, o cuando se encontraba a solas, lejos de las posibles críticas de los demás, le atormentaba saber que no estaba siendo genuino consigo mismo.

Pero en cambio de hacer algo al respecto, había optado por vivir una mentira y disfrazarla con la vaca de que lo que estaba haciendo era "sacrificar su propia felicidad para hacer felices a los demás". Sería un bailarín frustrado y un abogado mediocre antes de arriesgarse a defraudar a sus padres.

John pensó en las palabras de Escalante: *"la única función de las vacas es colocarnos en el papel de víctimas".* El profe estaba en lo cierto, todo lo que él estaba haciendo era jugar el papel de la pobre víctima que sacrificaría sus sueños con tal de hacer felices a sus padres. *¡No! ¡Ni que fuera el mismísimo Jesús!*

Esta excusa tiene que morir ya mismo, se había dicho, mientras observaba a Escalante sosteniendo aquella ridícula vaca de cartón por las orejas un par de semanas atrás.

No sabía cómo lo haría. Lo único que sabía era que debía comenzar a aceptar la responsabilidad por su propio éxito.

Quizá si busco otros ejemplos de personas que hayan triunfado, pensó él y rápidamente entró a Google, y escribió: "personalidades exitosas, cuyos padres habrían querido que fueran abogados" Era como disparar en la oscuridad esperando dar en el blanco, pero necesitaba explorar toda opción posible.

Para sorpresa suya, salieron seis páginas de resultados. Y aunque la mayoría de ellos no tenía nada que ver con lo que a él le interesaba, en la primera vio una historia que parecía relevante, aunque se trataba de un comediante de quien nunca había escuchado, así que la descartó. En la siguiente página encontró la historia de un escritor británico, pero pronto la eliminó al no encontrar ninguna otra referencia sobre él. Si esperaba que su argumento fuera efectivo, tenía que ser un personaje reconocido.

Mientras la siguiente página cargaba, pensó en lo absurdo de lo que estaba haciendo. Por un lado, sentía que no tenía por qué justificar su decisión ante su padre, y sin embargo, ahí estaba, como un niño asustado, tratando de encontrar argumentos para un posible enfrentamiento que, hasta ese momento, sólo existía en su mente.

Pensaba en eso cuando apareció el siguiente enlace. Era una frase de la cantante Jennifer López, y decía: "Mis padres querían que estudiara derecho, pero no creí que fuera a ser muy feliz. Sólo lograba visualizarme cantando frente al tribunal".

"Mi padre no va a estar muy impresionado con esto", se dijo. Estaba a punto de abandonar su búsqueda cuando reconoció otro nombre en un enlace un poco más abajo: Mike Tomlin.

El *link* correspondía a una entrevista realizada con Mike Tomlin, quien no sólo era el director técnico del equipo de los *Steelers* de Pittsburgh, el cual quedó campeón del torneo de futbol americano ese año, sino que era el entrenador más joven en ganar un campeonato en la historia del *Super Bowl*.

John Alexander no era muy fanático del deporte, y menos aún del fútbol, pero su padre sí. Sólo un par de semanas atrás los dos habían pasado tres horas juntos frente al televisor, mirando la final del campeonato.

Estaba convencido que un fanático del deporte como su padre, sabría apreciar el que Tomlin hubiese decidido hacer lo que amaba, dirigir un equipo de fútbol, en lugar de tratar de complacer a su madre, quien, de acuerdo al artículo, deseaba que su hijo fuera abogado.

John leyó con gran interés, y cuando llegó al final de la página, encontró un enlace que decía: "Otros artículos relacionados con el tema". Hizo un click en el enlace que lo llevó a un blog en el cual se hablaba sobre el hecho que el padre de Galileo Galilei, el gran científico y astrónomo del Renacimiento, quiso que su hijo estudiara Medicina. Galileo accedió debido a las súplicas de su padre, quien argüía que ya había habido un médico distinguido en su familia en el siglo anterior.

Sin embargo, al parecer, Galileo nunca tomó los estudios médicos muy en serio, asistiendo en cambio a clases sobre su verdadero interés, que eran las matemáticas y las ciencias.

Más seguro sobre su decisión, John Alexander apagó su computadora y se dispuso a preparar su plan de batalla. *Si Mike Tomlin ó J-Lo no lograban convencer a su padre,* pensó, *no creo que vaya a cuestionar los meritos de la decisión de Galileo.*

Esa noche, después de cenar John les dijo a sus padres que quería comunicarles una decisión que había tomado acerca de sus estudios. Sus padres, no acostumbrados a que John compartiera mucho acerca de este tema, a menos que ellos iniciaran lo que a los pocos minutos terminaba siendo más un interrogatorio que una conversación, lo miraron de manera inquisitiva.

"¿Has recibido información de alguna de las escuelas de derecho?" Preguntó su padre con curiosidad, sin tan siquiera esperar a que el joven dijera una palabra.

"¡No!" Respondió él a secas, temiendo que la conversación no había comenzado como él hubiera querido.

"No te preocupes. Dale tiempo; las mejores escuelas de leyes siempre se tardan en responder".

A sólo un año de terminar su bachillerato, John ya estaba en el proceso de preseleccionar las universidades de su interés con miras a aplicar formalmente una vez estuviese cursando su último año.

"Precisamente de eso quería hablarles", dijo John, con cierto titubeo en su voz. "Eh… Pues he estado pensando en lo que quiero hacer y he tomado la decisión que no quiero ir a la escuela de leyes". La sonrisa de curiosidad en las caras de sus padres pronto fue reemplazada por un gesto de incredulidad y zozobra.

"¿Qué dices?", respondió su padre. "Pero si es lo que siempre has querido hacer. Desde que eras pequeño..."

"No papá. Es lo que tú siempre has querido que yo haga", interrumpió el joven, buscando encausar nuevamente la conversación y dejarles ver a sus padres que había pensado muy bien lo que les estaba diciendo. Ser abogado no es mi sueño, es tu sueño. Pero, ¿te has puesto a pensar que tú nunca te detuviste por un momento a preguntarme si eso era lo que yo verdaderamente quería hacer? Ya sé que siempre me has dicho que cuando tenía seis años te dije que quería ser abogado igual que tú, pero ya no soy ese niño papá. ¿Me entiendes?"

"¿Qué quieres estudiar, hijo?", preguntó su madre, viendo la mirada confusa de su esposo. "¿Has visto otras carreras que te llaman la atención? Es tu futuro John, tu padre y yo estamos aquí para apoyarte, pero es tu decisión. ¿Qué has pensado?"

John Alexander se volvió a su madre sintiendo que ella podría ser mucho más receptiva a su idea, y comprendería mejor la pasión que él sentía por la música y el ballet.

"Mamá, ¿recuerdas cuando fuimos a ver el ballet, *El Nutcraker* hace unos años?"

John Alexander recordaba muy bien aquella ocasión, el momento cuando su madre le dijo durante la cena que en las vacaciones de fin de año irían a Nueva York a visitar el árbol de navidad en el Rockefeller Center y a ver *El Nutcracker* en el Lincoln Center. Allí había visto a Ethan Stiefel, bailarín principal de la compañía de Ballet de la ciudad de Nueva York, interpretando aquella hermosa danza. Después de esas vacaciones, su interés por el ballet continuó creciendo. Cuando leyó más sobre la vida de Stiefel, algo en su interior comenzó a cautivar su atención.

Su amor por el ballet siguió aumentando desde ese entonces. Su madre apreciaba mucho que su hijo compartiera, al igual que ella, ese gusto por lo clásico. Así que siempre que hubo lugar fueron juntos al teatro, los musicales y el ballet. Nunca pensó que John estuviera considerando todo aquello como una vocación.

Días atrás, mientras leía nuevamente la historia de ese joven bailarín, John pensó en lo mucho que se asemejaba a la suya. Ethan nació en una pequeña población del estado de Pensilvania. Su padre fue un ministro de la iglesia Luterana en Altoona y, tiempo después, patrullero del departamento de policía del estado en la ciudad de Dallas. John no podía más que imaginar su reacción, cuando se enteró de las ambiciones profesionales de su hijo. Ahora, frente a sus padres, John se preguntaba cómo había logrado Ethan convencer a su padre que le permitiera ser bailarín.

¿Qué podía decirle a su padre? ¿Cómo lograría convencerlo que eso era lo que deseaba hacer por el resto de su vida? De repente, todos los argumentos que había encontrado en Internet parecían no tener sentido. Se sentía solo y vulnerable frente a la mirada inquisitiva de ellos. Los labios de su madre se movían, pero él no lograba escuchar sus palabras, su mente estaba aún en aquel recuerdo de la primera vez que supo cuál era el camino que deseaba seguir.

De repente, la voz de su madre lo sacó de aquel ensimismamiento. "¿Me estás escuchando John?" Él parpadeó tratando de enfocar su atención en el momento presente.

"Te decía que recuerdo cuando fuimos al ballet. Me lo pediste desde que comenzaste a tomar las clases de piano. Pero, ¿qué tiene que ver eso con lo que estamos hablando?"

"Pues eso es lo que quiero hacer", dijo sin ocultar su entusiasmo. Quiero bailar como Mikhail Baryshnikov; quiero seguir los pasos de Ethan Stiefel o Ángel Corella".

De todos los grandes bailarines de ballet clásico, este último era su favorito. Corella, quien era originario de España, comenzó su formación en danza clásica a los diez años. Seis años más tarde ganó su primer gran reconocimiento profesional al obtener el primer lugar en el concurso de Ballet Nacional de España. Sin embargo, debido al poco apoyo que la danza clásica tenía en su país, se vio obligado salir de su tierra tras su sueño, y en 1994 logró su primer gran reconocimiento internacional al obtener las máximas distinciones en el Concurso Internacional de Danza de París.

Su carrera continuó en ascenso hasta convertirse

en el bailarín principal del American Ballet Theatre y estrella invitada del Royal Ballet de Londres, la Scala de Milán y el Ballet de Tokio, interpretando las obras más conocidas del ballet clásico y contemporáneo. Ahora dirigía su propia compañía de ballet, integrada por decenas de bailarines procedentes de más de una docena de países. John aspiraba a ser uno de ellos.

Él hubiese podido permitir que la excusa de "en mi país no hay apoyo para lo que deseo hacer" le robara su sueño, pensaba John Alexander, pero en lugar de eso, mató su vaca y ahora, con su propia compañía, buscaba que esta no fuera una excusa para otros jóvenes. ¿Podría ahora él matar su propia vaca, agarrar su sueño a dos manos y salir tras él?

"Pero John, no porque te haya gustado *El Nutcracker* quiere decir que tengas que dedicar tu vida al baile", agregó su madre, tratando de ser lo más compresiva posible.

"Amo la música y el ballet. Sé que a eso es a lo que quiero dedicar el resto de mi vida". Hubo un silencio incómodo que John interpretó como muestra de desaprobación. "Supongo que debes estar defraudado al escuchar esto", dijo mientras volteaba a mirar a su padre, "pero sería poco genuino de mi parte renunciar a lo que verdaderamente amo hacer y dedicarme a vivir tu sueño. Si así lo hiciera, estoy convencido que no me gustaría tenerme a mí mismo por abogado".

"John, siempre te impulsé a seguir esta profesión porque creía que eso era lo que deseabas. Te soy sincero, no sé mucho del mundo del ballet clásico. Sé que disfrutas mucho tus clases de piano y amas asistir al teatro con tu madre, pero nunca pensé que era lo que te apasionaba hacer.

Tu mamá está en lo cierto cuando dice que es tu determinación. Quiero que sepas que cualquiera que sea la decisión que tomes, nosotros siempre te apoyaremos. Dios sabe que conozco muchos abogados que odian su trabajo y son miserables y no quisiera que tú fueras uno más de ellos".

John miró a sus padres con gran alivio. Después de todo, esta no era la cruel batalla que él había anticipado. Esta era una lección más importante aún, muchas veces tememos deshacernos de nuestras vacas, porque creemos que el proceso será muy difícil y doloroso. Sin embargo, al final nos damos cuenta que lo más complicado fue el haber cargado por tanto tiempo con ideas absurdas que nos estaban debilitando y nos detenían de vivir la vida a la que fuimos destinados.

Capítulo Ocho

Cuando no hay más opción que enfrentar la realidad

Escalante, quien usualmente estaba en el salón desde mucho antes que el primer joven llegara, tenía ya seis minutos de retraso. Sophia, generalmente permanecía callada, pero esta vez hizo un comentario sobre "cuál sería la vaca que el profe utilizaría para justificar su tardanza", que arrancó varias burlas y apuntes jocosos del grupo.

Justo en la mitad del tablero se podía leer:

Premisa mayor:	Todos los perros son mamíferos.
Premisa menor:	El pastor alemán en una clase de perro.
Conclusión:	El pastor alemán es un mamífero.

Los chicos no le prestaron mayor atención a esto, asumiendo que se trataba de alguna lección correspondiente a la última clase del día, que habían olvidado borrar de la pizarra.

"Biología avanzada", dijo Albert con el tono sarcástico que lo caracterizaba. "A juzgar por esto, creo que recién terminó la clase de ciencias naturales de primer grado", agregó soltando una risotada.

"La ignorancia es atrevida", murmuró Gaby, mirando con ansiedad su reloj y luego sollozó con desespero.

Albert supuso que el comentario iba dirigido a él y se volvió hacia ella sin ocultar su irritación: "Si tienes algo que decir, habla en voz alta, ¿ok?".

"Pues que eso que está escrito ahí no tiene nada que ver con biología o ciencias naturales. Es un silogismo".

"Un silo... ¿qué?", preguntó Verónica.

"¡Silogismo!" Respondió Escalante, irrumpiendo de prisa en el salón de clase, "y es parte de lo que hablaremos el día de hoy. Pero antes de llegar a eso debemos empezar por el comienzo", dijo mientras se quitaba su chaqueta y ponía su maletín sobre el escritorio, sin dar ningún tipo de explicación por su tardanza.

Sin duda, era una de esas estrategias 'fríamente calculadas' del profe Willy, pensó Sophia.

"Todas las decisiones que tomamos y la manera como actuamos, son el resultado de la información con que hemos programado nuestra mente subconsciente", continuó el profe, señalando el tablero.

Todos ustedes toman un gran número de determinaciones cada día. Muchas de estas son simples e intrascendentes: ¿Qué calcetines me pongo, los azules o los verdes? ¿Qué como al almuerzo, pastel de pollo o ensalada? Pero otras tienen el poder de determinar la clase de vida que vivirán, las metas que alcanzarán y qué tan lejos podrán llegar en el juego de la vida. ¿Le digo sí a mi amiga que me está invitando a fumar o me niego a hacerlo? ¿Accedo a las presiones de mi novio para tener relaciones sexuales o me mantengo firme a mis principios, así eso signifique el fin de nuestra relación? ¿Estudio para el examen o espero a ver si la suerte me ayuda?

Y todas esas decisiones, grandes o pequeñas, requieren la participación de las dos partes de nuestra mente: la consciente y la subconsciente".

"Perdón profe", preguntó Sophia, levantando la mano, "cuando habló de programar, hace unos minutos, ¿se refiere a lo mismo que programar una computadora?"

"Exactamente. De hecho podemos pensar en nuestra mente como en una computadora. El consciente, que es del 5% al 10% del total de nuestra mente, es la parte lógica o racional. Evalúa la importancia de la información que llega del mundo exterior y decide qué entra y qué no; se encarga de razonar, formar juicios y tomar decisiones. Utilizando nuestra analogía, podríamos decir que es la encargada de programar.

De otro lado se encuentra el subconsciente, que compone el otro 90% a 95% y es el centro de la memoria. En otras palabras, es la parte programable, el disco duro de tu computadora, cuya tarea es grabar, guardar, archivar y recordar la información que llega al cerebro a través de los sentidos.

La interacción entre estas dos partes de la mente es constante, e influye en todas nuestras decisiones, por más pequeñas e intrascendentes que parezcan".

"¿Está usted diciendo que cuando estoy en la cafetería tratando de decidir si comer pollo o ensalada mi consciente tiene que consultar con el subconsciente para decidir qué comprar?", preguntó Richard, con más escepticismo que curiosidad o interés.

"Eso es precisamente lo que estoy diciendo señor Romero. Desde el preciso instante en que usted mira el letrero del menú, tratando de decidir qué ordenar, su consciente comienza este diálogo mental. Si la decisión está entre comerse el pastel de pollo o la ensalada, empieza a elaborar un juicio sobre las diferentes opciones basándose en la información que ya se encuentra almacenada en su subconsciente.

Literalmente, su mente racional procede a buscar en los archivos de su subconsciente toda la información relacionada con el pastel de pollo. Parte de estos datos los podrá acceder casi instantáneamente –imágenes, sabores, aromas y demás características—. También encontrará información sobre qué tanto le gusta y cuándo fue la última vez que lo comió, qué tan bien lo preparan en la cafetería, o si es la mejor elección de acuerdo al régimen alimenticio que esté llevando. Después hará lo mismo con la ensalada, y basado en todo ese conocimiento instruirá al consciente sobre qué ordenar.

Ahora bien, qué tan buenas decisiones tomemos depende de qué tan buena sea la información que se encuentra en el subconsciente. Por ejemplo, si mentalmente hemos programado datos equívocos, como que 'fumar no hace daño, que de algo hay que morirse y que para hacer amigos en ocasiones es necesario hacer este tipo de sacrificios, así vayan en detrimento de la salud', pues nuestras determinaciones serán igualmente equívocas".

"Bueno profe pero, ¿qué tiene todo esto que ver con los silo... mis... gismos... o como quiera que se llame lo que está escrito en la pizarra?", preguntó Verónica.

"Paciencia señorita Aguilera. Ya estamos llegando a ese punto", respondió Escalante, mientras se disponía a escribir algo en el tablero.

"Así que lo verdaderamente importante es descubrir cómo es que programamos la información que más tarde utilizaremos para tomar decisiones, ¿no creen?

Estos son los dos procesos, señorita Aguilera, mediante los cuales programamos nuestra computadora mental", dijo mientras escribía en letras gigantescas estas palabras, cuidando de no borrar lo que ya estaba escrito:

INDUCCIÓN

DEDUCCIÓN

"El proceso inductivo involucra el análisis, el juicio, la comparación y la selección de diferentes opciones o alternativas. A todo esto es a lo que nos referimos cuando utilizamos la palabra *pensar*, que es una función exclusiva del consciente.

Todos razonamos de manera inductiva constantemente. Lo hacemos cuando observamos hechos o situaciones, reconocemos ciertos patrones y sacamos una conclusión general basados en dicha información. La mayoría de las veces lo hacemos sin tan siquiera darnos cuenta.

Por ejemplo, supongamos que a su profesora de matemáticas le gusta hacer exámenes *sorpresa*, y ustedes comienzan a notar que durante los primeros tres capítulos del libro ocurrió siempre lo mismo: después de cubrir la última lección de cada capítulo, al día siguiente hizo un examen no anunciado. Basándose en esta observación su mente concluirá que siempre que llegue a la última sección, más vale estar preparado para un examen, porque seguro vendrá.

Veamos otro ejemplo. Cuando ustedes entran a la cafetería a la hora del almuerzo, el proceso para escoger dónde sentarse se basa totalmente en el razonamiento inductivo. Es posible que prefieran ubicarse junto a la ventana y estar solos, o que su decisión dependa de quiénes ya están sentados. Ustedes simplemente examinan las diferentes opciones, las analizan, las comparan, y basados en esto seleccionan la que crean que es la mejor alternativa. Eso es un razonamiento inductivo.

El proceso deductivo funciona de manera distinta. Podríamos decir que no requiere del juicio calculado del método inductivo. En lugar de reunir datos y de sacar una conclusión general a partir de estos, el razonamiento deductivo empieza en el otro extremo.

Se inicia con una generalización o premisa mayor que aceptamos como cierta –dijo señalando la oración, *Todos los perros son mamíferos*—. Después aplicamos esa idea a un caso específico o premisa menor, como: *El pastor alemán en una clase de perro,* y la deducción es obvia, *El pastor alemán es un mamífero.*

En este proceso, la mente sencillamente acepta las premisas presentadas y llega a ciertas conclusiones basadas en dichas premisas. Pero bueno", dijo Escalante, mientras borraba todo lo que estaba escrito en el tablero. "¿Qué tiene que ver todo esto con los retos, las vacas y las presiones de las que hemos venido hablando en las pasadas semanas?"

Richard levantó la mano.

"Señor Romero"

"Es obvio que la validez de la deducción o la conclusión a la que se llega depende de que las premisas en que se basa sean verdaderas".

"¡BINGO!" Gritó Escalante mientras levantaba la mano de Richard como cuando el réferi alza la mano del ganador en una pelea de boxeo. "Si la premisa, la idea, el pensamiento o la observación en la cual basamos la deducción es falsa, o si es sólo una vaca, entonces la conclusión a la que lleguemos será igualmente falsa.

Lamentablemente, muchas de las premisas bajo las cuales operamos, son falsas creencias que hemos recibido del mundo exterior, críticas o juicios negativos de otras personas, o generalidades que carecen de total validez. Y basados en ellas, llegamos a conclusiones totalmente erradas, las cuales tarde o temprano se manifiestan en nuestra vida.

¿Alguien puede darme un ejemplo de esto?"

Sophia tomó rápidamente la palabra:

"La premisa mayor puede ser: 'Todos los jóvenes que están en la escuela tarde o temprano caen en las drogas'.

La premisa menor: 'Yo soy joven y estoy en la escuela'.

Y la conclusión sería: 'Seguramente, pronto tendré un problema de drogas'."

"¡Bravo! ¿Alguien más?"

"Mi padre es alcohólico", dijo Albert sin ponerse de pie, manteniendo su mirada fija en su mesa. Las palabras quedaron suspendidas en el aire sin que nadie se atreviera a interrumpir el pesado silencio que estas cuatro palabras habían ocasionado. "Esa es la premisa mayor". Algunos se voltearon a mirarlo asombrados por lo que acababan de escuchar. "Todos en casa me dicen que yo soy tal como mi padre. Así que, seguramente, yo también terminaré siendo un alcohólico".

Todos se miraron incómodamente, sin saber cómo reaccionar. El comentario tomó por sorpresa al propio Escalante; en otras circunstancias hubiese respondido prontamente, pero esta vez esperó, permitiendo que el mensaje flotara en el ambiente unos momentos más.

Albert, no se atrevía a levantar su mirada, tomando su cabeza a dos manos, puso la frente sobre su mesa, y ante las miradas atónitas de sus compañeros comenzó a llorar calladamente sin importarle lo que nadie pudiera pensar.

Los chicos guardaron silencio. Albert era el rebelde del grupo, el más agresivo en su manera de actuar; sus comentarios eran casi siempre punzantes y era evidente que poco le importaba cómo hicieran sentir a su víctima. ¿Cómo podía desmoronarse así, de un momento a otro?

En cambio, para Escalante esto no era nada nuevo. Lo veía decenas de veces en su oficina. Hasta los más bravucones del colegio caen bajo el peso de sus propias emociones ocultas; inquietudes que vienen encubriendo tras la máscara de la rebeldía, la indisciplina o el rencor, y que a veces parecen exageradas e inconsistentes.

Sabía que es normal que los adolescentes cambien repentinamente de estado emocional, que salten entre la felicidad y la tristeza, entre sentirse inteligentes o estúpidos, entre querer cambiar al mundo y querer destruirlo. Lo escuchaba de muchos padres que se quejan de no saber cómo actuar con sus hijos. "De momento quieren que los abraces y les hagas sentir protegidos", dicen ellos desconcertados, "pero cinco minutos más tarde quieren que no les hables ni los mires y que te alejes y los dejes solos".

No son únicamente los cambios emocionales, sino el hecho de explorar continuamente diferentes maneras de expresarlos. Y al no saber exactamente cómo hacerlo, optan por enmascararlas y poner un frente ante los demás hasta cuando, finalmente, un comentario de un amigo o una situación, aparentemente de poca trascendencia, hacen que su copa emocional se desborde.

Eso era lo que estaba ocurriendo. Albert acababa de enfrentarse a una realidad que había estado tratando de ignorar, pero ahora se encontraba irremediablemente frente a ella.

Richard, quien se encontraba a su lado puso la mano sobre su hombro sin saber qué más hacer. No eran grandes amigos, pero parecía lo correcto de hacer en dichas circunstancias. Muestras de emoción como esta no son comunes entre adolecentes, menos aún entre los hombres, quienes acostumbran ser más cohibidos con sus emociones.

Albert levantó su cabeza y se secó las lágrimas mientras trataba de sonreír, mirando a sus compañeros. "Lo peor de todo", dijo tratando de recobrar la compostura, "es que, tristemente, después que estas creencias limitantes y negativas entran en la cabeza, nuestra mente no tiene otra opción más que actuar de acuerdo a ellas, sin importar qué tan destructivas sean y sin cuestionar si son ciertas o no".

Escalante, quien había permanecido al margen de lo que estaba ocurriendo escribió en el tablero una pregunta.

¿Pueden otros convertirse en nuestras vacas?

"Tenía entendido que las vacas nunca eran otras personas, sino que siempre son ideas erradas que mantenemos y que, en ocasiones, pueden involucrar a alguien más", dijo Gaby.

"Me alegra ver que lo que hemos aprendido hasta ahora ha caído en terreno fértil señorita Martin", respondió Escalante.

"Hasta hace unos minutos yo creía que mis padres eran los responsables por que las cosas no estuviesen marchando bien en mi vida", agregó Albert, ya más tranquilo y seguro de sí mismo.

"Mi padre no fue la persona más amable conmigo ni con mi mamá mientras yo crecía. Me pegaba con el puño cerrado como si quisiera romperme la cara. Todavía tengo cicatrices en la parte de atrás de mi cabeza de los golpes que me daba. Hoy, cuando veo a un papá en una tienda o en un centro comercial pegándole a su hijo y haciéndolo llorar, lo único que quisiera es ir y darle una paliza a ese hombre para que pueda probar un poco de su propia medicina.

Sé que suena extraño, pero honestamente, siempre viví con el miedo de llegar a ser adulto, porque no quería convertirme en él. En cierta ocasión escuché en la tele que la mayoría de abusadores son individuos que en su niñez o juventud han sido abusados. Aunque en mi corazón quiero creer que soy diferente a los demás, especialmente a él, siempre me invade el temor de terminar siendo igual.

Cuando mis padres finalmente se divorciaron y mi padre se fue de casa sentí que mi mundo se había terminado. Increíblemente, a pesar de todo, yo lo quería y excusaba su comportamiento diciendo que era el licor lo que lo hacía hacer eso. El verdadero culpable no era él, sino su alcoholismo que nos estaba haciendo la vida imposible a todos en casa, especialmente a mi madre. Sin embargo, nunca pude perdonarle que nos hubiera abandonado como quien tira un par de zapatos viejos que ya no quiere. Eso me hizo sentir como que yo no valía nada.

Cuando estábamos hablando del razonamiento deductivo, finalmente entendí que había venido usando las premisas equivocadas en mi vida, estaba culpándolo por mi mediocridad; era su culpa el haberme dejado esta maldita herencia. Luego, cuando mi madre se casó de nuevo, comencé a responsabilizar a mi padrastro, pues no me ayudaba con nada de la escuela ni le interesaba cómo me estaba yendo. Finalmente, comencé a achacarle mis derrotas a mi mamá, reprochándole por estar más preocupada por complacerlo a él que por lo que ocurría en mi vida.

Ahora puedo ver los efectos tan devastadores que tienen estas generalizaciones que yo mismo me he encargado de crear. El hecho que mis padres se hayan divorciado, o que mi papá sea alcohólico, no quiere decir que yo también vaya a terminar así".

"Gran lección señor López" dijo Escalante. "Creo que ya ha comenzado a superar la peor parte del reto".

"Sé que lo que voy a decir puede sonar irracional", dijo Mathew, "pero a veces pienso que es peor un divorcio que la muerte de un padre".

Escalante no encontraba tan disparatada aquella aseveración. De hecho, había leído varios estudios que demuestran que para un niño o un joven, la sensación de pérdida que experimenta como resultado de un divorcio es mayor que la que experimenta con la muerte de uno de sus progenitores. Por más que muchas parejas crean que la separación es una alternativa positiva ante un mal matrimonio, nadie debe engañarse con la idea que el divorcio es una salida fácil, ya que los efectos que tiene en los hijos pueden ser aún más complejos.

La realidad es que mientras el divorcio deja a algunos cónyuges "afligidos" y a otros "aliviados", invariablemente los niños siempre terminan asustados y confundidos por lo que ven como una amenaza a su seguridad personal. Pueden inclusive llegar a pensar que ellos son la causa del conflicto y tratan de hacerse responsables, de reconciliarlos, y muchas veces se sacrifican a sí mismos en el proceso. Estados de profunda depresión, problemas en la escuela, irritación, una gran desconfianza o incapacidad para expresar sus sentimientos y el desarrollo de hábitos autodestructivos, son sólo algunas de las dificultades que pueden llegar a padecer los hijos de parejas divorciadas.

"Mi padre vive en Nueva York", continuó Mathew, "y la verdad es que no nos comunicamos mucho; hablamos de vez en cuando, pero como se dice, en este momento, él no es parte de la película. Yo lo extraño mucho, porque solíamos hacer muchas cosas juntos. No sé qué razón puede uno tener para irse de un día para otro sin decir nada y dejar a su familia. Él y mi mamá parecían una pareja feliz; siento como si alguien hubiera atravesado mi corazón con un cuchillo. Aunque yo tenía compañeros cuyos padres eran divorciados, y escuchaba que ellos hablaban de ese tema con gran naturalidad, y sin mayor ansiedad, nunca supe, hasta ese día cuando mi papá se fue de la casa, todo lo que la palabra "divorcio" implicaba.

Recuerdo que cuando se separaron, inmediatamente me transformé en una persona distinta. Lo primero que noté es que dejé de tener una expresión en mi cara, no quería que nadie supiera cómo me sentía; se me olvidó cómo sonreír, requería mucho esfuerzo, así que casi nunca lo hacía. Podía estar sintiendo una emoción positiva, pero esta nunca llegaba hasta mis labios, sino que se quedaba adentro, como si no existiera. Tenía una de esas expresiones que no dicen nada; creo que era un mecanismo de defensa.

Trataba de vivir fuera de la escuela y de la casa tanto como pudiera; no tenía muchos amigos, y con los pocos que tenía no hablaba demasiado. Era tan triste verme en esa situación, que llegué al punto de sentir lástima de mí mismo.

Hace poco leía en un blog en Internet que el 50% de los hijos de divorciados ha tenido problemas de alcohol y drogas antes de los quince años, y que a pesar que muchos de ellos no se casan, de los que lo hacen más de la mitad también terminan divorciados.

A pesar de todo eso yo sí quiero casarme y tener hijos, y cuando los tenga, me aseguraré de estar con ellos todo el tiempo. Yo si voy a ser responsable. Cuando uno trae un hijo al mundo, no es suficiente mantenerlo, es importante dejar de pensar solamente en uno mismo y poner todo su amor en ellos. Yo creo que Dios me está mirando todo el tiempo; sé que Él me ayudará a crecer y a descubrir el mejor camino para vivir mi vida".

Escalante, para quien aquella tarde su mayor preocupación había sido cómo excusar su tardanza, sin que su justificación pareciera una vaca, jamás hubiera podido imaginar que esas palabras que había escrito en la pizarra minutos antes que llegaran los chicos, fueran a desencadenar todas la emociones que había visto durante esa clase.

"Muy bien, como ya hemos visto es posible sacar conclusiones erradas a partir de premisas equívocas", dijo, buscando concluir esta reunión tan llena de sorpresas. "¿Qué resultados puede tener esto? Decisiones que nos afectarán por el resto de nuestra vida.

Escuchándolos a ustedes pensé en una de esas disyuntivas que estuvo a punto de robarme el sueño de proseguir mis estudios universitarios. En mi caso, la premisa errada era el creer que como nadie en mi familia se había graduado de la universidad, sumado al hecho que en la escuela mis notas dejaban mucho que desear, era fácil concluir que con seguridad yo tampoco sería un profesional".

"¿Y qué hizo para matar esa vaca profe?", preguntó Sophia con gran curiosidad. Aunque no había compartido esto con nadie en el grupo, esa era la misma crítica que siempre salía a flote en su casa cuando ella hablaba de su anhelo de algún día poder graduarse de la escuela de Medicina: nadie en la familia había obtenido un título universitario.

Pero en lugar de verlo como un obstáculo, ella lo veía como un estímulo para cambiar esa realidad y no podía entender por qué en lugar de recibir el ánimo y el respaldo de su familia para lograr algo grandioso, así ninguno de ellos lo hubiese intentado anteriormente, todo lo que escuchaba eran voces de desaliento que le decían que dejara de hacer castillos en el aire, que pusiera los pies sobre la tierra y desistiera de esos sueños absurdos. En cierta ocasión, un tío suyo llegó al colmo

de preguntarle si era que acaso ella se creía mejor que todos ellos.

Con el tiempo, Sophia concluyó que sus críticas y desánimos no eran una señal de desamor para con ella, sino una muestra del conformismo que se apoderó de sus vidas y los había condenado a una existencia mediocre –la misma realidad de la cual ella deseaba escapar–. Entendió que su madre no la desanimaba porque no la amara o no quisiera lo mejor para ella, sino porque sentía que la estaba protegiendo del desengaño y la frustración que vendrían cuando no pudiera lograr sus metas.

Desde ese momento, Sophia tomó conscientemente la decisión de seguir tras su sueño, ignorando las críticas, tal vez bienintencionadas, pero erradas de su familia. Sin embargo, de vez en cuando esa terrible vaca asomaba su cara para sembrarle dudas, sin que ella hallara la manera de deshacerse de ella de una vez por todas.

"Pues señorita Evans, debo confesarle que el matar esa vaca no fue fácil", respondió el profe, tratando de recordar el proceso que debió vivir para, finalmente, salir de aquel círculo vicioso en que se encontraba. "En un principio yo acepté esta idea como una de esas cosas de la vida que debemos admitir y no se pueden cambiar. Lo justificaba diciendo que la culpa no era mía sino de mi familia que no me había servido de modelo, ni de ejemplo de superación. Ellos eran los verdaderos culpables. Ah, ¿y mis malas notas? En ese caso, la culpa era de los profesores que eran unos resentidos que creían que

143

uno no tenía vida social fuera de la escuela, olvidándose de lo que era ser joven, así que se estaban desquitando con uno por todo lo que ellos nunca pudieron hacer.

Sin embargo, en el último año de colegio, un profesor compartió conmigo algo que jamás olvidé. 'Escalante', me dijo, 'lo interesante acerca del juego de la vida es que si decidimos salir a buscar sólo lo mejor de lo mejor generalmente lo conseguimos. Sin embargo, no olvide que lo contrario también es cierto. La persona que decide contentarse con segundos lugares, aquella para quien una existencia mediocre no es mayor molestia, generalmente también termina viviendo esa clase de vida, así que es su decisión.

En ese momento entendí que mi futuro no era responsabilidad de mis padres, ni de mis profesores ni de mis amigos. Era *mi* responsabilidad: ¡de nadie más! Comprendí que no tenía ningún sentido el utilizar la falta de motivación, ni las críticas, ni la falta de interés de los demás para justificar mi fracaso y mi propia mediocridad. Concluí que aunque otros jugaran un papel, en ocasiones trascendental, en nuestro éxito o fracaso, ellos no eran necesariamente la fuente de nuestras limitaciones. Las demás personas nunca son nuestras vacas a pesar que muchas veces quisiéramos creer lo contrario.

Resulta absurdo permitir que el alcoholismo de un padre, la inhabilidad de una pareja para mantener su relación, la falta de visión de una madre o las críticas de un familiar o un amigo nos indiquen qué podemos o no hacer y qué tan lejos seremos capaces de llegar.

El hecho que nadie en mi familia hubiese asistido a la universidad antes, no significaba que ese debía ser mi futuro; yo podía ser el primero. Así que me propuse cambiar el programa mental que tenía en mi disco duro y comencé a reprogramar mi mente con otra clase de ideas.

Si hay algo que los últimos diez años me han enseñado, es que lo único que necesitamos hacer para darle un giro a nuestra vida es despertar a la realidad que quizás las creencias que han guiado nuestras acciones y decisiones hasta ahora, no han sido las correctas. Debemos ser conscientes que es posible que hayamos sido programados para aceptar la mediocridad, pero entender que a pesar de eso, la realidad es que hemos sido creados para la grandeza; y aún cuando somos personas comunes y corrientes, podemos lograr cosas extraordinarias.

El secreto, señorita Evans, está en abrir la mente a la posibilidad de cambiar y crecer, entendiendo que el futuro no tiene por qué ser igual al pasado y que es posible cambiar y construir así un nuevo destino... ¡libre de vacas!"

Capítulo Nueve

¡Imposible!
Yo no sirvo para eso

Ese jueves, cuando los estudiantes entraron al salón como de costumbre y vieron el letrero que estaba escrito en la pizarra, supieron que esta tampoco sería una reunión común y corriente. Todo lo acontecido durante la charla de la semana anterior había comenzado de la misma manera: con una expresión escrita en el tablero que no daba mayores pistas sobre lo que ocurriría. Sin embargo, esta vez los jóvenes tenían un elemento adicional que les daba cierta idea sobre lo que hablarían hoy.

Dos días antes todos habían recibido un correo electrónico del profe Willy con un link a un video que debían ver en YouTube, acompañado de una nota muy al estilo de algo que escribiría John Keating a sus alumnos de la Academia de Weldom.

Hola chicos:

Antes de nuestro próximo encuentro quiero pedirles que vean el siguiente video y recapaciten sobre cualquier enseñanza que este les haya dejado. Y algo más: no piensen en esta tarea como "más trabajo", sino como una oportunidad de expandir los límites de lo posible:

http://www.youtube.com/watch?v=uz3ZLpCmKCM

Si por alguna razón, no pueden o no quieren ver el video, no se molesten en venir a mi salón el próximo jueves. Ahora bien, si no asisten, no me cabrá duda sobre quien está en control de su vida. (¡muuuu!)

El profe Willy

Ahora ahí, ocupando la totalidad del tablero, entre todos trataban de adivinar el mensaje que el profe quería enviarles con esta palabra:

IMPOSIBLE

Nuevamente Escalante irrumpió en el salón como si acabara de llegar de atender una emergencia. Lo primero que hizo fue asegurarse que todos sus estudiantes estuvieran presentes. Una amplia sonrisa reemplazó la cara de preocupación con que había llegado.

"Ya sé que el video era en blanco y negro, pero deben entender que tiene más de medio siglo", dijo mientras se dirigía hacia el frente.

"¿Quién me puede decir el significado de esta palabra?", preguntó, señalando al término que, en letras gigantescas, parecía estar observándolos críticamente desde el tablero. Los jóvenes se miraron, pero nadie se aventuró a adivinar sin estar totalmente seguro. Esa era una proposición muy arriesgada con el profe Willy.

Escalante sacó un pequeño diccionario de su bolsillo. "Las palabras tienen un extraordinario poder", dijo mientras levantaba el pequeño libro. "Una fuerza que sólo logramos descubrir cuando sabemos lo que verdaderamente significan. ¿Alguien quiere ayudarme a encontrar la definición de este término en particular?"

Julia levantó la mano sin titubeos. "Gracias señorita O'Connor, no se puede imaginar la ansiedad con que esperamos su respuesta".

Mientras ella la buscaba, Escalante continuó hablando sobre el video. "Quiero que sepan que tuve la fortuna de conocer en persona al protagonista de esta hazaña, Sir Roger Bannister. Sí, hace algunos años estuvo en una gira de promoción de su libro y tengo el placer de tener una copia autografiada por él... ¿Ya casi, señorita O'Connor?", preguntó, observando que la chica pasaba páginas, desconcertada.

"El romper el record de los cuatro minutos para la carrera de la milla fue algo apoteósico, no sólo para los amantes del atletismo, sino por lo que representaba, lo que decía... Señorita O'Connor, estamos esperando".

"No entiendo", respondió Julia sabiendo que lo que estaba a punto de decir era una tontería.

"¡Qué no entiende! ¿La definición? No se preocupe, léala y entre todos buscamos descifrar su significado. Después de todo, somos un equipo".

"No profe", dijo titubeante. "Lo que sucede es que no la encuentro. Tendría que estar aquí entre *importunar* e *imposición*, pero no está".

"¿Cómo que no está?" dijo Escalante mientras tomaba el diccionario y se lo pasaba a Mathew que se encontraba a su lado. "Espero no hacerla sentir mal, pero prefiero una segunda opinión".

Mathew lo tomó y comenzó a pasar páginas rápidamente.

"De hecho", continuo Escalante, "durante más de cinco décadas de competencia olímpica, ningún atleta había logrado acercarse a la marca impuesta en 1903 para la carrera de la milla, que era de 4 minutos, 12.75 segundos. Tan significativo fue aquel registro que el entrenador olímpico del equipo británico, Harry Andrews, declaró rotundamente: '¡Esté récord de la milla nunca será superado!'

Así que como se pueden imaginar, el correr algún día la carrera de la milla en menos de cuatro minutos era aún menos probable. Es más, de acuerdo a muchos expertos en la materia, esa era una hazaña *imposible* de realizar". Otra vez esa palabrita: IMPOSIBLE... ¿Ya la encontró señor Wang?"

"No profe, hay algo extraño. Julia está en lo correcto, este diccionario no contiene la palabra imposible".

"¿Me está usted diciendo que la definición de "imposible" no está registrada en el diccionario de la lengua española?

"Estoy diciendo que no está en este diccionario. Si quiere, verifíquelo usted mismo", agregó, extendiendo el libro hacia Escalante.

"Vamos, vamos, me cuesta creer que unos jóvenes inteligentes como ustedes no puedan lograr una tarea tan sencilla como esta".

"Señorita Martin, ¿podría ir rápidamente a la oficina del profesor Carpenter y le pregunta si nos puede prestar su copia del diccionario enciclopédico por unos minutos?"

Gaby salió inmediatamente y se dirigió la oficina del profesor de Literatura que se encontraba a sólo dos puertas de ahí. Dos minutos más tarde regresó con el gigantesco volumen del diccionario más completo que había en los predios de la escuela, abierto en una página y con una sonrisa de victoria.

"Imposible", leyó Gaby: "Que no puede ocurrir. Algunos sinónimos son: inalcanzable, irrealizable, ilusorio...." Gaby se detuvo, como tratando de entender algo que no parecía tener sentido.

"¿Algo mal señorita Martin?", preguntó Escalante, sabiendo lo que ocurría.

"Pues que curiosamente, la segunda definición que da el diccionario de la palabra imposible es: *algo que es sumamente difícil*."

"¿Y?"

"Pues que el hecho que algo sea sumamente difícil no quiere decir que sea imposible".

"¡Bravísimo!" Gritó Escalante. ¿Se dan cuenta? Ni siquiera los propios miembros de la academia, encargados de evaluar y determinar el origen etimológico y el significado preciso de las palabras, tienen la suficiente convicción sobre cómo definir esta. Ni siquiera ellos están dispuestos a admitir que algo sea absolutamente imposible, ya que primero dicen que 'no puede ocurrir' y después señalan que será 'sumamente difícil' que ocurra".

"Perdón profe", interrumpió Sophia, "volviendo al

tema anterior, ¿cómo es que su diccionario no contiene esa palabra?"

"Buena pregunta señorita Evans. Lo que sucede es que este es un diccionario sólo para aquellas personas que no creen en las imposibilidades".

"¿Cómo es eso? ¿Me está tomando del pelo?"

"¡No! Estoy hablando muy en serio. De hecho es un ejemplar muy raro. No es fácil de encontrar. Verá usted, en mi profesión, puesto que debo hablar con miles de jóvenes cada año, que vienen a mi oficina buscando soluciones rápidas y curas milagrosas a sus problemas y dificultades, es común escucharles la palabra *imposible*, refiriéndose a cosas que en realidad no lo son. Pero yo soy de los que cree que no hay cosas imposibles sino personas incapaces, y muchas veces esa incapacidad no tiene que ver con los talentos y habilidades del individuo, sino con su falta de disposición para hacer lo necesario para lograr sus objetivos.

He descubierto que cuando un joven me dice que le es imposible obtener los resultados que desea, la inmensa mayoría de las veces no me está diciendo que no tenga la capacidad, el talento o las habilidades para lograr lo que anhela; lo que verdaderamente me está indicando es que no está dispuesto a hacer todo lo que haya que hacer para lograrlo. En otras palabras, quiere los resultados pero no está seguro de querer pagar el precio. Y en tales circunstancias, la salida más fácil es asegurar que es imposible.

Tanto escuchaba esta palabra que empecé por aborrecerla, luego decidí ignorarla, hasta que finalmente terminé por rehusarme a aceptarla como parte de mi vocabulario personal. Así que contraté a un impresor para que me hiciera un pequeño tiraje de diccionarios que no contuvieran dicha palabra. Hoy, cuando un estudiante me dice que algo es *imposible*, le paso mi diccionario y le digo que si en los siguientes cinco minutos logra leerme la definición y utilizarla para proporcionarme un argumento válido sobre la supuesta imposibilidad que lo trae a mi oficina, buscaré que lo excusen de hacer lo que sea que no quiere hacer, sin que eso afecte sus calificaciones. Sobra decir que todos comienzan con gran entusiasmo, pero después de varios minutos sucumben y no tienen otro remedio que hacer lo que saben que tienen que hacer".

"¿Y no hay nadie que regrese con su propio diccionario y le muestre la definición?", preguntó Albert con su usual picardía.

"Un día ocurrió, y fue cuando decidí imprimir un mayor tiraje de mis ejemplares y hacerle un cambio más, de manera que pudiera dárselos como premio a todos aquellos estudiantes que aceptaran el reto de comprobar que sus imposibilidades no eran tan imposibles cómo ellos creían en un principio. Hasta la fecha he regalado 1.567, y espero al final de este proyecto poder regalar diez más".

"¿Qué otro cambio le hizo?" Preguntó Andrew con gran curiosidad.

"Es obvio que la definición de esta palabra existe y no existe. Todo depende de qué diccionario decidan utilizar. Ahora bien, si después de haber tratado infructuosamente de encontrarla en el diccionario, un estudiante regresa a mi oficina y me dice, 'profe, a lo mejor lo mío no es imposible, pero lo cierto es que 'yo no puedo', o 'no tengo talento para ello', 'yo no sirvo para eso', 'tengo cero habilidades en ese campo' o cualquier otra expresión con la que quiera decir que algo le es imposible, le pido que vaya al última página del diccionario y lea lo que dice".

"¿Alguien quiere leerlo?", preguntó Escalante con obvio entusiasmo.

Decidida a rescatar su orgullo, Julia se levantó inmediatamente de su asiento, fue hasta donde el profe y tomó el diccionario de su mano. Yendo a la última página, miró, leyendo mentalmente, sonrió y luego dijo: "Definición alterna de la palabra imposible: *La persona que cree que puede y la que cree que no puede, las dos están en lo cierto. —Henry Ford*".

"¿Se dan cuenta?" Continuó el profe, "cuando los atletas escuchaban de los supuestos 'expertos' toda la multitud de razones que respaldaban la afirmación hecha por Andrews, al decir que era imposible romper el récord de la milla; cuando escuchaban de los médicos numerosas advertencias sobre los peligros asociados con intentar la absurda proeza de correr una milla en menos de cuatro minutos; cuando leían que el corazón, literalmente, podía explotar como resultado de tal osadía, tenían dos opciones: creer en los demás y verlo como una imposibilidad o creer en ellos mismos y verlo como algo realizable.

Tristemente, la mayoría de los corredores optó por lo primero y como resultado de esa creencia, durante los siguientes cincuenta años los mejores atletas del mundo llegaron muy cerca de este récord, pero ninguno logró superarlo. ¿Por qué? Porque los médicos dijeron que era imposible. Los científicos habían llegado a la conclusión que era físicamente imposible para un ser humano pretender correr una milla en menos de cuatro minutos, que el cuerpo no soportaría tal esfuerzo.

Y todo hubiese seguido igual de no ser porque un día, un joven atleta británico llamado Roger Bannister, hizo un anuncio público: Él correría la milla en menos de cuatro minutos.

En realidad, la decisión de lograr tal hazaña era algo que le venía dando vueltas en su cabeza desde hacía dos años. En 1951, Roger capturó el título británico en la carrera de la milla y sintió que estaba preparado para la competencia olímpica. Infortunadamente, cambios de último minuto en el horario de las competencias de los Juegos Olímpicos de 1952 lo forzaron a correr sin suficiente descanso entre sus dos eventos y terminó en cuarto lugar. Como era de esperarse, tuvo que soportar todas las críticas de la prensa deportiva británica, quien calificó su estilo de entrenamiento como poco ortodoxo, culpándolo por su pobre actuación.

Al escuchar esto, él resolvió reivindicar su nombre anunciando de nuevo públicamente que rompería la aparentemente *'imposible'* barrera de los cuatro minutos y que ya podían darlo por hecho. ¡Todo el mundo pensó que había perdido la razón! La prensa deportiva, la comunidad médica, ¡todos!

Su oportunidad llegó el seis de mayo de 1954, después de varias caídas y decepciones, en una carrera en la Universidad de Oxford, donde Bannister corría en representación de la Asociación Británica de Atletas Aficionados.

Ese día él logró lo imposible, que fue lo que pudieron ver en el video que les envié. No fue solamente que corrió la milla en menos de cuatro minutos y sobrevivió, sino que con ese logro murió un mito, una imposibilidad, una vaca que había perdurado por más de 50 años".

"Pero profe, ¿no le parece injusto que la felicidad le haya durado tan poco?"

"¿A qué se refiere usted señor Romero?"

"Leí un artículo que decía que sólo un mes más tarde el corredor australiano John Landy rompió el récord que él impuso".

"Al contrario Richard, quizás eso es lo más extraordinario de la historia. De hecho, Bannister no tomó muy a pecho el haber tenido su marca por tan poco tiempo. Además, ese mismo año tuvo la satisfacción de derrotar al propio Landy en los Juegos Olímpicos de Canadá.

Pero decía que el triunfo de Landy validó el logro de

Bannister, ya que él tampoco pudo celebrar su hazaña por mucho tiempo, puesto que cuando la noticia de su triunfo le dio la vuelta al mundo algo sorprendente sucedió: en menos de un año, ¡37 atletas ya habían superado la codiciada marca! El siguiente año, más de 300 corredores registraron records por debajo de los cuatro minutos. Hoy, inclusive estudiantes de algunas de sus escuelas superan con relativa facilidad el famoso tiempo de los cuatro minutos para la carrera de la milla".

"Es como si de repente el ser humano se hubiese vuelto más rápido", agregó Verónica, que por ser miembro del equipo de atletismo de su colegio, había estado escuchando con especial atención esta historia.

"Buena suposición, señorita Aguilera, pero errada. De hecho, cuando le preguntaron a Bannister cómo era posible que tantas personas hubiesen aprendido a correr tan rápido en tan poco tiempo, él respondió: 'Nada de esto ocurrió porque de repente el ser humano hubiese aprendido a correr más rápido, sino porque entendió que no se trataba de una imposibilidad física sino de una barrera mental'. Lo único que hicieron estos atletas fue desalojar de su mente las creencias limitantes –vacas– que los habían detenido para utilizar su verdadero potencial durante más de cinco décadas.

Todos tenemos muchas de estas barreras mentales. Algunas personas simplemente deciden deshacerse de ellas en algún momento, a lo largo de su vida, y al hacerlo descubren su verdadero potencial. Cada uno de nosotros puede hacer lo mismo. Lo único que necesitamos lograr es identificar las falsas creencias que han venido limitando nuestra vida hasta ahora y reemplazarlas por ideas que nos fortalezcan y nos permitan utilizar el poder que ya reside dentro de la mente, y que sólo espera ser utilizado para ayudarnos a alcanzar las metas más ambiciosas".

Sin embargo, Escalante sabía que no siempre es tarea fácil. Años atrás había leído cierto artículo sobre el aprendizaje acelerado, el cual le hizo recapacitar sobre si él mismo no estaría siendo parte del problema. El investigador Colin Rose reportó los resultados de un estudio que mostró que a pesar que más del 82% de los niños que entran a la escuela entre los cinco y seis años de edad tiene una gran confianza en su habilidad para aprender. Sin embargo, a los dieciséis años el porcentaje que aún muestra esta confianza en sus propias habilidades se ha reducido a tan sólo el 18%.

A Escalante le parecía inconcebible que durante los años de formación escolar, en cambio de estar desarrollando su potencial al máximo, los jóvenes estuvieran adquiriendo tantas limitaciones y falsas creencias acerca de sus propios talentos y habilidades. ¡Peor aún! Él sentía que de ahí en adelante, les acompañaba una tendencia casi inalterable a aceptar la mediocridad en todas las áreas de su vida.

Por eso creía que era vital que los adolecentes cuestionaran las creencias, valores y convicciones que recogían a lo largo del camino, ya que estos terminaban forjando las personas en las cuales ellos se convertían.

"No quiero decir", continuó Escalante, "que una vez

eliminemos las creencias limitantes que nos pueden estar deteniendo, vayamos a lograr toda meta que nos propongamos, pero por lo menos tendremos una mejor idea de nuestro verdadero potencial y una mejor oportunidad de lograr lo que queremos.

No se imaginan la cantidad de estudiantes que ante un nuevo reto, automáticamente responden con expresiones como: "olvídalo, yo no sirvo para eso", "cualquier cosa menos hablar en público, yo no tengo la personalidad que se necesita", "infortunadamente no nací con talento para las artes, soy pésimo para cualquier cosa que requiera creatividad", "yo tengo cero habilidad para los idiomas, toda mi vida he sido malísimo en es ese aspecto", "yo no tengo el cuerpo ni las habilidades físicas como para ese deporte", o "nunca he sido buena para las matemáticas; creo que lo mío es genético".

Estas expresiones que utilizamos casi sin pensar, son el origen de muchas de las limitaciones que no nos permiten expandir nuestro potencial. Sin embargo, el verdadero problema está muy lejos de ser físico, congénito o de personalidad. La dificultad real son los 'programas mentales' que hemos guardado en el archivo de nuestro subconsciente.

"Pero profe", preguntó Jennifer, "¿cómo crea uno mismo estas limitaciones? Porque uno no se despierta un buen día y, sin ninguna razón, dice: 'hoy he tomado la decisión que no soy bueno hablando en público'. De algún lado ha salido esa idea".

"Buena observación Señorita Blum. Le sorprenderá

saber la manera tan simple en que esta programación negativa ocurre. Imagínese que tenemos cinco o seis años y el maestro nos pide recitar un poema frente a la clase, y a pesar de nuestro mejor esfuerzo, algún compañero se ríe o se burla, lo cual, como es de esperarse, nos hace sentir mal. Así que en ese momento tomamos la decisión de no recitar más delante de otras personas o de hablar ante un grupo, para evitar situaciones vergonzosas y escaparnos de las críticas de los demás.

Después de varios años de permitir que esta vaca crezca y engorde en nuestro 'establo mental', terminamos por creer y aceptar que hablar en público no es una de nuestras aptitudes; que, simplemente, no tenemos el talento para hacerlo. Seguramente, ustedes conocen jóvenes en sus colegios que se sienten así, ¿no es cierto?

Así pasa el tiempo y si nunca cuestionamos esta creencia, podemos llegar a los cuarenta años de edad y cuando alguien nos pide realizar una breve presentación en el trabajo sobre algún proyecto que estemos desarrollando, respondemos: "Mira, pídeme que realice todo lo que se requiera; si deseas lo escribo y lo imprimo; o si quieres me encargo de toda la investigación necesaria, pero no me pidas que me pare frente a toda esa gente –que no son más que seis personas— y hable, así sólo sean cinco minutos, porque en ese campo mis habilidades son *cero*".

Y es posible que llevemos más de treinta años sin intentar hacerlo, pero asumimos que nuestra aptitud en esa área debe ser la misma que cuando teníamos seis años, ¡lo cual es absurdo, por supuesto!

Bannister estaba en lo correcto. Muchas de las limitaciones que hacen parte nuestra actualmente no son físicas, ni tienen que ver con la capacidad mental, dotes o talento, sino con creencias limitantes que, en su mayor parte, son ideas erróneas acerca de nuestro verdadero potencial y acerca de 'esta palabra'", acentuó señalando la pizarra.

Recuerden que toda idea errada que mantengamos en el subconsciente por largo tiempo y que validemos con acciones, funciona como una forma de auto hipnosis. Esto es, precisamente, lo que les impide triunfar a muchas personas, pues de esta manera han archivado en su mente una serie de falsas creencias e ideas que continúan ejerciendo su efecto limitante desde lo más profundo de su subconsciente.

Algo similar ocurre cuando permitimos que los fracasos, las caídas y las experiencias negativas del pasado, cierren para siempre las puertas de éxitos futuros. ¿Qué importa que hayan tratado algo cinco veces y hayan fracasado? Lo único que eso significa es que ahora conocen cinco maneras de no volverlo a hacer. No es que el universo esté conspirando para que desistan de sus ideas. No es el destino ensañándose contra ustedes, ni es su 'característica' mala suerte, es sólo parte del proceso. Si han fracasado en el pasado, eso no quiere decir que siempre vayan a fracasar.

Tengan siempre presente que nos convertiremos en aquello en lo que pensemos la mayoría del tiempo. Si siempre estamos pensando en nuestras debilidades, en la posibilidad de fracasar, o en los talentos que no poseemos, eso es lo que materializaremos en nuestra vida".

"¿Está usted diciendo que si pienso constantemente en que soy fuerte e invencible, que voy a ganar y que poseo grandes talentos y habilidades, entonces me convertiré en eso?" preguntó John Alexander.

"No necesariamente señor Rizzo. Este tipo de autosugestión debe ir acompañando de una decisión firme para prepararnos y desarrollar dicho potencial. Una actitud positiva por sí sola no nos hará más rápidos, más talentosos o más inteligentes. Lo que si hará es darnos la oportunidad de descubrir nuestro potencial en toda su magnitud.

Cuando Bannister hizo su declaración inicial ante el mundo, él no dijo que iba a tratar de romper la barrera de los cuatro minutos, ni que iba a hacer lo mejor que pudiera. ¡No! Él declaró que estaba totalmente seguro de lograrlo. Después, no se sentó a esperar el momento propicio para hacerlo: por el contrario, comenzó un entrenamiento riguroso que muchos criticaron. Pero él continuó fiel a su compromiso, y a pesar que vinieron muchas derrotas, persistió hasta lograr su meta.

No les voy a relatar la carrera, porque ya la vieron, y pudieron escuchar al reportero que narró cada minuto. Sin embargo, quiero terminar la reunión de hoy con algo que no pudieron apreciar en el video; es un breve recuento hecho por el propio Bannister, acerca del esfuerzo que debió realizar aquel día para lograr su meta".

Dicho esto, Escalante sacó de su maletín su copia autografiada del libro del atleta y lo abrió en la página que ya tenía marcada. Luego aclaró la garganta y comenzó a leer como si fuera el mismísimo Roger Bannister que estuviera haciendo un recuento de lo acontecido en la carrera:

'...*Apenas si me di cuenta cuando llegamos a la media milla. La habíamos corrido en un minuto y 58 segundos. En la siguiente curva Chataway se puso en la delantera. A la altura de los tres cuartos de milla el esfuerzo era casi imperceptible; el cronómetro marcaba, 3 minutos 7 segundos.*

En ese momento la multitud comenzó a gritar y a alentarnos. Sabía que tenía que correr la última vuelta en 59 segundos. Llegando a la penúltima curva Chataway continuaba al frente y fue ahí que aceleré para pasarlo antes de entrar en la recta final. Menos de 300 metros me separaban de la línea de meta.

Por un instante experimenté una mezcla de felicidad y angustia, cuando mi mente pareció adueñarse de la situación y estar corriendo más rápido que mi cuerpo, haciendo que éste se moviera hacia delante casi por inercia. Sentí que el momento más importante de mi vida había llegado; el mundo pareció detenerse. La única realidad eran los 150 metros que aún me quedaban por correr.

Entonces sentí que era mi oportunidad de hacer

algo supremamente bien. Aceleré, empujado por una extraña combinación de temor y orgullo. El ruido en mis oídos era el de la fiel fanaticada de Oxford. Su esperanza y aliento me dieron aún más fuerza. Acababa de tomar la última curva y no restaban más que cuarenta metros. Mi cuerpo había gastado todas sus energías pero continuó corriendo a pesar de eso. La única fuente de energía en ese momento era mi deseo de triunfar.

A sólo cinco metros de la línea de llegada, esta parecía estar alejándose de mí. Esos últimos segundos fueron eternos. Los brazos de todo el mundo estaban esperando para recibirme, sólo si lograba llegar a la meta sin disminuir mi velocidad. Di el salto final hacia la línea de llegada como quien da su último esfuerzo para salvarse de las garras que intentan atraparlo. Había dado todo mi arrojo y caí casi inconsciente, con los brazos abiertos a cada lado de mi cuerpo.

Sólo entonces fue que comencé a experimentar el verdadero dolor. Sentí que mi cuerpo explotaba y no tenía ganas de vivir; seguí existiendo en el más pasivo de todos los estados físicos sin estar totalmente inconsciente. La sangre corría rápidamente por las venas de mis brazos y piernas, que estaban encalambradas. Supe que lo había logrado inclusive antes de oír el tiempo oficial. Había estado demasiado cerca para no haberlo logrado, a menos que mis piernas me hubieran jugado una mala pasada al final, reduciendo la velocidad sin dejárselo saber a mi cerebro.

El cronómetro tenía la respuesta.

De repente vino el anuncio: 'El resultado de la carrera de la milla. Tiempo oficial, tres minutos...' el resto se perdió entre los gritos de entusiasmo y algarabía de todo el estadio. Lo había conseguido.'

Escalante paró de leer; su mirada, perdida en algún punto lejano, indicaba que su mente ya no estaba ahí en el salón de clase. En ese instante, el profe Willy era uno más de los entusiastas fanáticos de Oxford que celebraban aquel extraordinario momento.

Los chicos permanecieron en silencio hasta cuando Richard dijo en voz baja: "Creo que he encontrado el tema central de la reunión de hoy".

"Ilumínenos con su sabiduría señor Romero", respondió Escalante, muy poéticamente, saliendo de la abstracción momentánea en la que había caído.

"Muchas veces nuestras vacas han sido obsequios de otras personas. Las aceptamos cuando acogemos sus críticas, comentarios nocivos y pobres expectativas sin cuestionar su validez, y al hacerlo, permitimos que siembren en nuestra mente la semilla de la duda y la incertidumbre".

Richard calló; la expresión en la cara de algunos jóvenes dejaba ver que aún trataban de entender en su totalidad las enseñanzas del mensaje de aquella tarde.

"Yo agregaría algo más señor Romero", añadió Escalante para asegurarse que este último comentario de Richard fuera entendido en toda su magnitud.

"Es indudable que muchas de las ideas que nos limitan y nos hacen sentir incapaces, han sido regalos de terceros: nuestros padres, profesores, familiares, amigos e inclusive gente desconocida. Tristemente, estas opiniones terminan por hacernos creer que somos personas comunes y corrientes, y por eso nos resulta difícil creer que poseemos el potencial necesario para triunfar y alcanzar grandes metas.

La buena noticia es que siempre podemos rehusarnos a aceptar este tipo de obsequios nocivos que nada bueno contribuyen a nuestra vida. Sin embargo, si desde temprana edad escuchamos que 'va a ser imposible lograr cierto objetivo', o que 'aquello es muy difícil, que lo mejor es buscar algo más fácil', 'que es mejor que aceptemos que no somos buenos para esto o lo otro', o 'que no nos hagamos muchas ilusiones porque terminaremos defraudados' y, no sólo, creemos toda esa basura, sino que la aceptamos y la repetimos constantemente, pues muy pronto todas esas vacas se convierten en programas mentales que rigen nuestra manera de pensar y actuar.

Pero la culpa no es de quien ofrece ese regalo, sino de quien, conociendo sus efectos dañinos y limitantes, opta por aceptarlo. ¿Recuerden el fragmento del poema de Amado Nervo que compartí en nuestra primera reunión?:

'...Porque veo al final de mi rudo camino

que yo fui el arquitecto de mi propio destino;
que si extraje la miel o la hiel de las cosas
fue porque en ellas puse hiel o mieles sabrosas:
cuando planté rosales, coseché siempre rosas...'

El mensaje de Nervo es simple: si siembras un pensamiento negativo, cosecharás un pobre hábito. Siembra un pobre hábito y, en el mejor de los casos, cosecharás un futuro incierto.

¡Carpe Diem, jóvenes! El mundo es suyo".

El salón de clase irrumpió en aplausos. ¡Era claro que el mensaje había sido entendido!

Capítulo Diez

Arquitectos de nuestro propio destino

El miércoles por la noche, Richard revisó su cuenta de Hotmail para ver si había algún correo electrónico del profe Willy. No quería sorpresas en la reunión del día siguiente.

Uno de los mensajes tenía el título, "Arquitectos de nuestro destino", en letras mayúsculas. Él estaba seguro que este debía ser del profe. Lo abrió y leyó:

From: w_escalante1960@yahoo.com
To: richieromero@gmail.com
Subject: ARQUITECTOS DE NUESTRO DESTINO

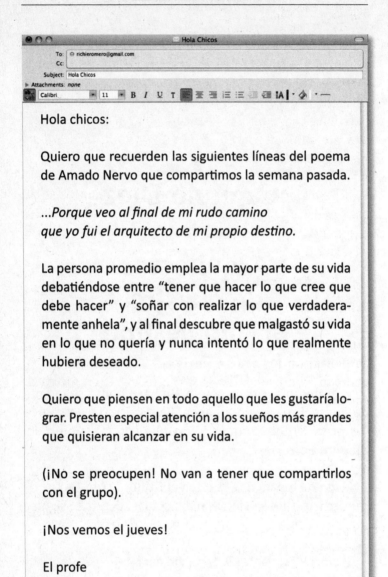

Hola chicos:

Quiero que recuerden las siguientes líneas del poema de Amado Nervo que compartimos la semana pasada.

...Porque veo al final de mi rudo camino
que yo fui el arquitecto de mi propio destino.

La persona promedio emplea la mayor parte de su vida debatiéndose entre "tener que hacer lo que cree que debe hacer" y "soñar con realizar lo que verdaderamente anhela", y al final descubre que malgastó su vida en lo que no quería y nunca intentó lo que realmente hubiera deseado.

Quiero que piensen en todo aquello que les gustaría lograr. Presten especial atención a los sueños más grandes que quisieran alcanzar en su vida.

(¡No se preocupen! No van a tener que compartirlos con el grupo).

¡Nos vemos el jueves!

El profe

Tan pronto terminó de leer el mensaje de Escalante, Richard desvió la mirada hacia la fotografía enmarcada

170

de Walt Disney que se encuentra en su mesa de trabajo, junto a la pantalla de su computadora. En la parte
inferior de la imagen, en la que se aprecia al conocido
caricaturista y cineasta junto con el ratón Mickey –su
personaje más famoso– su padre había escrito un dicho, atribuido al propio Disney: *"Todo empieza con un
sueño. ¡Suéñalo y podrás lograrlo!"*

Recordaba lo que su padre le dijo cuando se la
entregó la noche anterior a su primer día de clases en
la secundaria. "¿Has pensado cuáles metas te gustaría
alcanzar una vez termines la escuela?"

"Todavía no tengo que preocuparme por eso papá,
aún me faltan dos años para terminar la secundaria; ya
veremos más adelante qué nos depara la vida", había
sido su contestación. Ahora, después de estas semanas
de pensar en los retos y las oportunidades que le es-
peraban, comprendia lo absurdo de aquel argumento.
Afortunadamente, en esa ocasión, su padre no estuvo
dispuesto a aceptarla así no más.

"Richard, ¿cuándo crees tú que es el mejor momento
de planear un viaje a cualquier lugar: antes de empren-
derlo o una vez llegues allí? Imagínate que te digo que
nos vamos a ir una semana de vacaciones y cuando me
preguntas a dónde iremos, yo te respondo, 'en el avión
decidimos'. ¿Tendría sentido eso?"

"¿A esa altura? ¡No! Ya sería demasiado tarde. De
hecho, necesitaríamos saber para dónde vamos antes
de poder comprar los boletos".

"Exactamente. Sólo así podríamos planear qué hacer y qué sitios visitar de manera que aprovechemos mejor nuestro tiempo, ¿no es cierto? Hay personas que invierten un par de semanas en planear un viaje de vacaciones de tres o cuatro días. Sólo así van a estar seguros sobre qué sitios turísticos visitarán, y sabrán seleccionar los mejores hoteles y los vuelos más indicados".

"Yo diría que eso es preocuparse más de lo necesario", comentó Richard.

"¿Te parece? Veamos cuáles terminan siendo las consecuencias de esperar hasta último minuto o de no ocuparse de planear" insistió el papá, decidido a que Richard comprendiera esta importante lección. "Por un lado, el precio de los pasajes resulta ser dos o tres veces más costoso; además, corres el riesgo que no haya cuartos disponibles en el hotel que deseas. Ahora, ¿te imaginas si al regresar descubres que no visitaste la atracción turística más importante del lugar porque ni siquiera sabías que existía? Todo como resultado de no planear con suficiente antelación. Y si eso es sólo para una salida de tres o cuatro días, ¿imagínate cuánto más interés debemos poner para planear el viaje de la vida?"

"Cuando lo presentas de esa manera pues sí es importante. Pero yo no tengo la menor idea de cuáles son los sueños que quiero alcanzar".

"Quiero que cierres los ojos por un momento y trates de imaginar, de representar mentalmente dónde desearías encontrarte dentro de diez años" respondió el padre. "Ten presente que ya habrás terminado la secundaria y la universidad, y llevas unos dos o tres años trabajando. Visualiza qué carrera estudiaste. ¿Qué clase de trabajo estás desempeñando? O a lo mejor preferirías tener tu propia empresa. Suponte que puedes escoger lo que tú quieras, recuerda que es tu viaje el que estás planeando, así que ten cuidado al elegir lo que desearías estar haciendo".

Richard recordó lo mucho que disfrutó los días que trabajó de voluntario en el jardín infantil de su escuela, antes de empezar la secundaria. Todas las tardes trabajaba una hora mientras esperaba a que su madre lo recogiera. Organizaba juegos con los niños, les contaba historias, les ayudaba con sus tareas. Los pequeños se maravillaban con todo lo que él hacía. Fue ahí donde pensó por primera vez en lo emocionante y satisfactorio de ser un maestro, un profesor, una persona capaz de moldear la vida de otros seres humanos, ayudándolos a descubrir el potencial que se encuentra en su interior.

Sin duda, dedicaría mi vida a la Educación, pensó y sonrió para indicarle a su padre que creía saber a lo que quería dedicar su vida.

"Pero esto es solamente el área profesional", continuó él. "Ahora imagínate, ¿dónde te gustaría vivir, en la ciudad o en los suburbios, en una casa o en un departamento? No es suficiente decir, 'un día tendré una casa propia', debes visualizarla con gran precisión. ¿Dónde está localizada? ¿Cuántos cuartos tiene? ¿Es de una o dos plantas? Y ahora, ¿qué tipo de carro manejas?"

Cuando el muchacho escuchó esto, no pudo contener una amplia sonrisa que dejaba claro que esta parte no le había costado mucho imaginar. De hecho, desde que había obtenido su permiso de manejar sabía cuál era el automóvil que deseaba.

"Piensa ahora: ¿Qué actividad recreativa practicas? ¿Qué hobbies tienes? ¿Qué nuevas habilidades anhelas adquirir? ¿En qué clase de labores comunitarias participas? ¿A dónde añoras viajar? ¿Qué lugares del mundo quisieras visitar? ¿Tienes novia o ya te has casado?" Entre pregunta y pregunta, el padre le daba unos segundo para permitirle crear una imagen mental clara de esta película en la que su hijo era el protagonista principal.

Al escuchar esto último, Richard no pudo contener la curiosidad, así que entreabrió un ojo para ver la cara de su padre en ese momento; él continuó.

"Es posible que todo esto te parezca absurdo y creas que es una pérdida de tiempo. Sin embargo, visualizar sus sueños con gran exactitud fue el secreto del éxito de personas como Walt Disney, Leonardo Da Vinci, Thomas Edison, Bill Gates, Steven Spilberg, Hellen Keller y muchos otros triunfadores.

Indudablemente, no todo saldrá como lo has imaginado, pero por lo menos, estás comenzando con una idea clara de la vida que desearías vivir. Luego le pasó una hoja y un lápiz y le dijo: "Ahora, quiero que abras los ojos y escribas todo lo que pudiste ver en tu película, aquello que has decidido que quieres lograr. No te preocupes por cuál será el precio a pagar, o qué tan realizables o irreales te puedan parecer esos ideales hoy.

Simplemente asegúrate de soñar en grande". Rápidamente, el chico escribió durante varios minutos, cerciorándose de no olvidar nada de lo que había imaginado. Después repasó la lista nuevamente.

¿Te gusta lo que has visto en esa breve película mental de tu futuro?

"Por supuesto", respondió él con obvio entusiasmo. "Sin embargo, ¿no te parece que al hacer todo esto, visualizando todo lo que me gustaría lograr, me estoy arriesgando a terminar defraudado si no consigo lo que esperaba?", preguntó el chico, aún sabiendo que lo que acababa de decir era una excusa.

"Richie, fijar metas y visualizar con claridad nuestros sueños no nos garantiza que los lograremos. Si el deseo de triunfar fuese todo lo que necesitáramos para hacerlos realidad, todo el mundo triunfaría. Este es sólo el primer paso. De nada sirve querer triunfar si no estamos dispuestos a prepararnos; a aprender las habilidades necesarias para hacer que se cumplan nuestros planes y persistir hasta ver nuestras metas realizadas. Parte de ese crecimiento es lo que estás haciendo en la escuela. Tus sueños son tu *porqué*, la preparación y el trabajo que deberás desarrollar para hacerlos realidad es el *cómo*.

Déjame hacerte una pregunta: ¿conoces a alguien en tu curso que parezca como que no quisiera estar allí, que protesta por cada tarea que se le asigna, que tiene una actitud pobre y trata siempre de buscar el camino más fácil?"

"¿Estás bromeando papá? La mitad de la clase es así".

"No creo que tanto como la mitad", objetó su padre, "pero, ¿sabes a qué se debe eso? En la mayoría de los casos son chicos que no conocen su porqué; no saben qué es lo que quieren lograr con su vida. Si te dijera que siguiendo ciertas indicaciones puedes alcanzar todo lo que lograste ver en tu película, ¿lo harías?"

"¡Claro que lo haría!"

"¿Por qué estás tan seguro?"

"Porque todo lo que pude imaginar mientras hablabas son cosas que verdaderamente quisiera tener".

"Esa es la diferencia", dijo el padre. "Tú estás dispuesto a pagar el precio por el éxito, porque sabes qué es lo que quieres; no le ves ningún problema al cómo, porque sabes el porqué".

"Mientras que los que se quejan del cómo, lo hacen porque no saben su porqué. No saben qué es lo que desean lograr, así que todo les da pereza y no le ven sentido a lo que están aprendiendo".

Aquella noche, su padre no sólo había logrado ayudarle a lidiar con la ansiedad de su primer día de clases, sino que le había dado el combustible para empezar esta nueva etapa. Hoy, dos años más tarde, leyendo el trozo del poema de Amado Nervo, "...porque veo al final de mi rudo camino que yo fui el arquitecto de mi propio destino" y viendo la frase de Walt Disney que reposaba en su mesa, *"Todo empieza con un sueño. ¡Suéñalo y podrás lograrlo!*, consiguió entender lo que quería decir el profe Willy cuando hablaba del precio que pagamos por cargar con nuestras vacas.

Al dar excusas tratando de justificar la mediocridad, estamos diciéndole no a nuestros sueños, metas y aspiraciones. Matar la vaca es decirle sí a todo lo que deseamos lograr; ese es el premio más importante por vivir una vida libre de vacas.

***

A menos de quince minutos de allí, Sophia miraba la pantalla de su computadora, mientras recordaba los comentarios de su madre:

Soñar es cosa de ilusos; es mejor mantener los pies en la tierra y ser realistas. Te digo esto por tu propio bien; no quiero verte defraudada y herida cuando no logres alcanzar lo que deseas.

A Sophia le parecía irónico que tras la máscara de las buenas intenciones de una mamá preocupada por los sentimientos de su hija, se escondiera el mayor ladrón de sueños que existe: la idea que *soñar* sólo traería frustraciones y desencantos.

Pero la niña sabía que no podía culpar del todo a su madre por esta actitud, ya que ella también anheló lo mismo muchos años atrás: quiso ir a la escuela de enfermería. En parte, con la esperanza de romper la cadena de conformismo que parecía haberse apoderado de su entorno, privando a todos de progresar durante varias generaciones y condenándolos a una vida de mediocridad dónde el único objetivo era sobrevivir. Pero encontró toda suerte de obstáculos por parte de su familia, y escuchó las mismas excusas que una generación después volvían a repetirse.

Ignorando las advertencias, sermones y reprimendas, se matriculó en una pequeña universidad local. Sin embargo, sus pies nunca pisaron el salón de clase; el resentimiento y las constantes admoniciones de sus familiares apagaron la pequeña llama que se había encendido en su corazón, y finalmente se vio obligada a cambiar la universidad por la fábrica donde había estado cosiendo blusas y vestidos durante los pasados veinte años.

Después de escuchar la historia de Roger Bannister, de Handel o la del propio Escalante, Sophia comprendió perfectamente que los soñadores han sido los forjadores del progreso de la humanidad. Sin sus ambiciones no habrían sido posibles los avances tecnológicos, descubrimientos, inventos y adelantos de los que disfrutamos hoy.

Porque veo al final de mi rudo camino que yo fui el arquitecto de mi propio destino. Qué reto más hermoso, pensó Sophia, y en el acto tomó la decisión: ¡Ella sería una de esas personas exitosas! No iba a permitir que las vacas de otros la detuvieran de lograr sus aspiraciones. ¡Qué importaba si su mamá no creía en ellos o pensaba que eran metas imposibles! ¡La única persona que necesitaba creer en sí misma y en sus sueños, era ella!

***

Mathew no podía sacarse aquella frase de la cabeza. *Porque veo al final de mi rudo camino que yo fui el arquitecto de mi propio destino.*

Los meses que siguieron a la mudanza de su padre a Nueva York, después del divorcio, fueron muy difíciles. Sus calificaciones, que se habían mantenido en un promedio aceptable para él, se vinieron al piso.

En principio culpó a su padre por su pobre desempeño en la escuela. *Era indudable,* pensaba, que si él no hubiese hecho lo que hizo –abandonarlos a él y a su madre y desaparecer de su vida—, posiblemente todo hubiese continuado marchando más o menos bien en la escuela.

Todo cuanto anduvo mal durante ese primer año lo atribuyó al divorcio de sus padres. Y cuando todo el mundo finalmente se cansó de escuchar siempre la misma justificación, cuando le fue imposible continuar ocultando su propia falta de interés y su conformismo tras la excusa de la separación, se dio a la tarea de encontrar otro culpable.

Al poco tiempo pareció hallarlo; y de ahí en adelante se obstinó con la idea que el profesor lo tenía entre ojos, que no lo ayudaba y quería hacerlo perder el año. Su bajo rendimiento era culpa de la ineptitud e incompetencia de sus profesores. Llegó a convencerse que el universo había fraguado una conspiración en su contra; que sus fracasos eran un castigo por las fallas de sus padres, y se abandonó a su destino sintiendo que nada de lo que le ocurría era su responsabilidad –él no era más que la víctima de este drama en el que su vida se había convertido—.

Cansado de sus excusas, un buen día el entrenador del equipo de futbol le dijo: "Mathew, si no dejas de sentir lástima por ti mismo, corres el peligro de caer en una espiral de mediocridad de la cual difícilmente podrás salir. Tú tienes un talento fuera de lo común; sin embargo, eres apenas un 'buen' atleta, no uno 'fuera de serie', como podrías ser. ¿Sabes por qué? El enemigo de. lo extraordinario es lo bueno, y mientras estés satisfecho con ser 'bueno' nunca serás 'extraordinario'".

Luego le dijo algo que sólo hasta que escuchó la historia de la vaca de labios de Escalante tuvo sentido. Quizás porque hasta ese momento se había rehusado a aceptar cualquier responsabilidad por sus pobres resultados.

"Tu mayor impedimento en este momento es que tienes una excusa para cada ocasión y día de la semana. La culpa de tu pobre suerte son otras personas, son las circunstancias o es el destino. Sin embargo, tu verdadero problema es que tienes demasiadas opciones".

"No entiendo qué quiere decir con eso", respondió él, enojado por la insinuación.

"Si no tuvieras ninguna excusa para justificar tu mediocridad, tendrías sólo dos alternativas: aceptar la total responsabilidad por tus circunstancias y cambiar, lo cual te abriría las puertas del éxito, o admitir que eres incapaz de tomar control de tu vida y resignarte a ser un fracasado. Te aseguro que si estas fueran tus dos únicas posibilidades, seguramente sería mucho más fácil para ti tomar la decisión de triunfar, ya que el dolor asociado con la segunda opción es una carga demasiado pesada para cualquier persona.

Sin embargo, con todas tus excusas y justificaciones has creado una tercera opción, aún peor que la de fracasar: te has convertido en una pobre víctima, en alguien que tiene buenas intenciones, pero a quien, infortunadamente la suerte no le ha sonreído. Quieres llegar lejos pero no has podido a causa de las malas decisiones de los demás, y puesto que eres la víctima de un cruel destino, debes conformarte con lo poco que te llegue.

Mathew, ¿no te das cuenta de la trampa en la que has caído? La mediocridad es peor que el fracaso total. ¿Sabes por qué? Porque es tolerable, es posible vivir con ella. Nos molesta y nos incomoda lo suficiente como para andar quejándonos de ella, pero no tanto como para que decidamos cambiar".

A partir de ese momento Mathew sintió que, poco a poco, había comenzado a cambiar; primero, porque no quería quedar mal con sus compañeros de equipo. Sentía que su mediocridad afectaba negativamente a todos. ¿Qué diferencia había entre su propia dejadez y apatía y el comportamiento irresponsable de su padre? Ninguna.

Ahora, viendo esa frase, Mathew sabía lo que debía hacer. *Porque veo al final de mi rudo camino que yo fui el arquitecto de mi propio destino.* Era hora de comenzar a tomar control de su vida. Antes de apagar su computadora decidió responder el correo del profe Willy informándole la decisión que había tomado. Sin duda, este era el comienzo de una nueva etapa.

Capítulo Once

Hay una sola manera de matar toda vaca

Cuando Julia entró apresuradamente al salón, temiendo haber llegado tarde, encontró que todos sus compañeros estaban de pie, formando un círculo alrededor de algo que se encontraba en el piso. Cuando logró ver lo que era, no pudo más que sonreír. La visión de aquella vaca tirada en el suelo era graciosa. Tenía un par de tiras negras en forma de equis sobre los ojos, como las que les pintan a los dibujos animados para indicar que están muertos. La efigie de la vaca estaba hecha de tela de lona blanca, tenía retazos negros en varias partes y parecía estar rellena de aserrín. Un lazo, a manera de horca, colgaba alrededor de su cuello. No cabía duda sobre cuál sería el tema de la reunión de hoy: ¿Cómo matar una vaca?

Este era el penúltimo encuentro antes de preparar la

presentación final que realizarían en el salón comunal de la biblioteca local que se encontraba adyacente a la alcaldía de la ciudad. Era el primer día de agosto, así que faltaban menos de dos semanas para la celebración del "Día Internacional de la Juventud" y este año debido al entusiasmo del profe Willy, quien había promocionado el evento en todas las escuelas, todos anticipaban una exposición fuera de lo común, lo cual sólo había logrado ejercer aún más presión sobre el grupo.

John Alexander levantó la vaca y la acostó boca arriba sobre el escritorio del profe, dándole un aspecto aún más risible. Justo en ese instante entró Escalante.

"Muy bien señor Rizzo, me alegra saber que tengo un voluntario para empezar con nuestro tema del día de hoy". John quiso escabullirse rápidamente de vuelta a su silla, pero era demasiado tarde, hoy sería el conejillo de indias del profe.

"Quiero darle tres oportunidades de adivinar sobre qué hablaremos hoy".

"¿Cómo deshacernos de nuestras vacas?", respondió él sin mucha convicción.

"Está cerca, pero no", respondió Escalante. "¿Alguien más?".

"¿Cómo matar nuestras vacas?", dijo Julia.

"¡Exactamente! Lo que queremos no es *deshacernos* de nuestras excusas; esa palabra no suena terminante.

No deseamos simplemente hacerlas a un lado o esconderlas momentáneamente donde no las podamos ver, sino eliminarlas de una vez por todas. Ahora bien, lo interesante y curioso acerca de las vacas es que es mucho más fácil identificarlas en los demás que reconocerlas en nosotros mismos. Entonces, ¿cuál creen ustedes que debe ser el primer paso?"

"Reconocerlas en nuestra propia vida y admitir que las tenemos", dijo Gaby.

"¡Faaaantástico!" Gritó Escalante tan duro que, de haber habido clases en los demás salones, todo el mundo lo hubiera escuchado. Se dirigió al tablero y escribió en letras grandes:

Primer paso: Identifica tu vaca

"Este primer paso seguramente tomará algún tiempo; como con todo proceso de autoevaluación es una parte difícil, ya que a pocos nos gusta admitir que debemos cambiar". Luego, paseando la mirada por cada uno de los chicos, continuó, haciendo un énfasis exagerado en todas sus palabras. "Y como muchos de ustedes ya se han podido dar cuenta, puede ser bastante doloroso. ¿A qué creen que se debe la dificultad de este primer paso?"

"Porque es posible que tengamos muchas más vacas de las que creemos", respondió Jennifer. "Creo que nos asusta lo que podamos encontrar cuando abramos esta 'Caja de Pandora'".

"Otra cosa es que muchos simplemente no somos conscientes del número de excusas, pretextos y justificaciones que utilizamos diariamente", agregó Verónica. "Debo confesar que me he dado cuenta que muchas justificaciones que utilizo de manera frecuente no son tan reales y ciertas como creía. Pienso que a lo mejor se han convertido en parte de mi naturaleza y ya no me incomoda su presencia".

"Exactamente", dijo Escalante. "Las vacas de otros siempre nos parecen disculpas absurdas que vergonzosamente buscan justificar lo injustificable, mientras que las vacas propias, invariablemente, nos dan la impresión de ser hechos totalmente reales que muestran lo injusto de una situación en la que nosotros siempre somos las víctimas".

"Perdón profe", interrumpió Albert, "pero desde un comienzo distinguimos que hay *retos* y hay *vacas*. ¿Cómo hacemos entonces para diferenciar un reto real de una vaca imaginaria? ¿Cómo nos aseguramos que lo que tenemos en frente es una vaca?"

"Buena pregunta señor López. Las vacas suelen manifestarse en nuestro lenguaje cotidiano, en los hábitos y comportamientos, expresiones y conductas que forman parte del diario vivir. Levanten la mano todos aquellos que durante estas semanas han descubierto al menos una vaca en su propia vida", peguntó Escalante.

Todos levantaron la mano.

"Ahora, ¿cuántos creen que deben tener más de una

vaca que han venido cargando?"

Nuevamente la respuesta fue unánime.

"Entonces, durante la próxima semana, quiero pedirles que mantengan sus ojos y oídos bien alertas a la presencia de cualquier vaca que se insinúe en su manera de pensar, hablar o actuar. Recuerden que todas ellas vendrán disfrazadas de excusas, justificaciones, pretextos, mentirillas blancas, limitaciones, miedos, evasivas y otro tipo de expresiones que hacen parte de su vocabulario. Y aunque en ocasiones sea difícil describirlas, pueden estar seguros que siempre las reconocerán cuando las vean. La clave para descubrirlas está en prestar atención a la manera como se expresan externa e internamente. Presten especial atención a las expresiones que suelen preceder la aparición de una vaca".

Escalante escribió en la pizarra:

- Quisiera hacer tal cosa, pero _____.
- Honestamente, el problema es que_____.
- Si tan sólo tuviera _____, podría _____.
- A decir verdad _____.

"Tengan la plena seguridad que las palabras que puedan escribir en esos espacios seguramente, o son una vaca, o están ocultando una. Así que tomen nota de ellas y decidan qué van a hacer al respecto".

Luego escribió:

Advertencia: este paso puede ser doloroso.

"Nadie quiere estar cara a cara con sus propias excusas y debilidades. Sin embargo, para eliminarlas de una vez por todas y evitar continuar siendo sus esclavos por el resto de la vida, debemos tener el valor de mirarlas a los ojos y decirles: 'no voy a permitir que sigas controlándome'. Ese es el verdadero reto de este primer paso, ¿no es cierto señor Wang?"

Mathew sonrió y asintió con la cabeza.

***

"Pero profe, lo importante no necesariamente es identificar las vacas", dijo Julia. "Creo yo que lo verdaderamente trascendental es descubrir cuáles son las falsas creencias que estas excusas ocultan, ¿no es cierto?"

"Tiene todo el sentido del mundo", respondió Escalante mientras limpiaba nuevamente el tablero y escribía en la parte superior:

Segundo paso: Determina qué falsas creencias se esconden detrás de tus vacas

"Este paso es quizás más importante que el primero", agregó el profe, haciendo énfasis en la palabra: falsas.

"Una vez han identificado una de sus vacas, no paren ahí. Determinen qué creencias limitantes o paradigmas

188

errados yacen bajo estas excusas. Pregúntense por qué se encuentran en su lista. ¿Quién las puso allí? ¿Dónde las aprendieron? Comprueben si estas razones son reales o no, si tienen sentido o son irracionales".

Escalante sabía que muchas de nuestras creencias limitantes las aprendemos durante los años de formación escolar, durante la niñez y la adolescencia, y las hemos cargado por tanto tiempo que las aceptamos como verdades incuestionables. Sin embargo, independientemente de cómo hayan llegado a nuestra mente, ya sea porque las adquirimos voluntariamente o porque permitimos que alguien más las pusiera allí, todas ellas ocultan una justificación que hemos aceptado como cierta.

"¿Alguno de ustedes tiene un ejemplo personal que desee compartir, que nos permita ilustrar este segundo paso?"

Los chicos se miraron tímidamente. Ahora sabían a qué se refería el profe cuando dijo que el proceso podía ser *doloroso*. No es sencillo aceptar que lo que hemos venido haciendo con nuestras justificaciones es ocultar la incapacidad para lidiar con la verdad. Escalante lo sabía y por eso decidió darles un poco más de tiempo. Él tenía claro que este paso era crucial, no es suficiente con ser consciente de las excusas, sino que es vital aceptar total responsabilidad por nuestras acciones. Tal era así, que de los doce pasos utilizados en las reuniones de Alcohólicos Anónimos, los primeros seis giran alrededor de esta idea: admitir la naturaleza exacta de nuestra falla.

Mathew levantó la mano.

"Verónica dijo algo hace un momento que describe perfectamente cómo me sentía yo. Había pasado tanto tiempo culpando el divorcio de mis padres por todo lo malo que me ocurría que ya era parte de mi naturaleza. Las excusas se convirtieron en un reflejo automático: salían de mi boca sin que tuviera que pensar en ellas. Lo peor de todo es que yo no veía estas justificaciones y pretextos que utilizaba como vacas sino como realidades; a mi modo de ver, no me estaba inventando nada; mi padre nos había abandonado: ¡esa era la única realidad!

Cuando el profe nos envió el email la semana pasada con la poesía de, 'ser arquitectos de nuestro propio destino', finalmente entendí algo muy importante que se me había escapado: que pese a que la separación y la ausencia de mi padre era *parte* de mi realidad, no era *toda* mi realidad. Descubrí que mi vida, mis responsabilidades y mis decisiones seguían siendo mías. Yo era el responsable por ellas, no mi papá. La falsa creencia que se ocultaba detrás de todas las excusas que utilizaba, culpando a los demás por mi pobre desempeño, era la absurda idea que se me había metido en la cabeza que 'a menos que tuviera el apoyo y la presencia constante de mi padre yo no podría lograr nada en la vida'.

No quiero que me malinterpreten. Yo sigo queriendo a mi padre, y me duele que haya hecho lo que hizo. La única diferencia es que ya no voy a utilizar su ausencia para justificar mi propia mediocridad".

No había más que agregar. Escalante sabía que el sólo

hecho de encontrar las verdaderas raíces de toda excusa, de erradicar estas expresiones de nuestro vocabulario, enfrentando las falsas creencias con valor, como Mathew lo había hecho, en ocasiones era suficiente para eliminar más de la mitad de nuestras vacas.

***

"Pero yo creo que no es sólo descubrir cuáles son las falsas creencias que se ocultan detrás de las excusas", dijo Andrew, quien desde su presentación con Gaby, semanas atrás, se había mantenido al margen de la mayoría de las discusiones. "Yo pienso que lo verdaderamente importante es ser conscientes de todos los efectos negativos que estas vacas nos han traído".

"Interesante propuesta", dijo Escalante. "¿Alguien más que la secunde?"

Una vez más, Gaby salió al encuentro de su nuevo amigo.

"Creo que Andrew está en lo correcto, el tercer paso debe ser realizar una lista de todos los efectos negativos que nos han traído estas vacas".

Escalante escribió:

Tercer paso: Haz una lista de todos los efectos negativos que han traído estas vacas a tu vida

"Lo cierto es que muchas veces cargamos con ciertas vacas, porque no somos conscientes del gran mal que nos hacen", dijo el profe y luego, en el inconfundible estilo de John Keating, agregó como si estuviese hablando a los alumnos de la Academia Weldom: 'Desde el punto de vista legal, las excusas no son crímenes, de manera que seguramente nunca seremos castigados por ellas Sin embargo, pueden estar totalmente seguros que nuestras excusas, invariablemente, se encargarán de castigarnos, y la condena siempre será la misma: una vida de mediocridad'".

"Estoy de acuerdo", dijo Sophia. "A veces no creemos que las vacas nos estén haciendo mucho daño. Pienso que si mi madre hubiera sabido de antemano todas las oportunidades perdidas y las limitaciones que vendrían como resultado de haber renunciado a sus sueños, no se hubiera dado por vencida tan fácilmente".

"Frente a cada vaca que identificaron anteriormente quiero que escriban todo lo que les ha costado mantenerla", dijo Escalante, haciendo una señal para que comenzaran a escribir. "No les quepa la menor duda que están pagando un precio por ellas. Pueden ignorar este hecho o creer que estoy exagerando, pero las consecuencias de sus pretextos son un recordatorio costoso de todas las oportunidades perdidas a causa de cargar con ellas.

Así que, por doloroso que sea, escriban todas las oportunidades perdidas; identifiquen los fracasos que han sido el resultado directo de conservar estas vacas; detallen todos los temores irracionales que experimentan de manera cotidiana como resultado de las justificaciones que han venido utilizando por tanto tiempo".

Una vez terminaron de realizar esta lista, el profe les pidió que la leyeran detenidamente un par de veces, y posteriormente los invitó a hacer algo que él mismo había hecho años atrás durante su época de estudiante universitario.

Escalante hizo su tesis de grado basado en que las dos fuerzas de mayor motivación en el ser humano son *el deseo de triunfar y el temor al fracaso.*

Nos guiamos, en parte por lo que más queremos, y en parte, por lo que más tememos. De manera que siempre buscaremos hacer lo que nos produzca placer y evitaremos lo que nos provoque dolor. De hecho, él sabía que la mente se esfuerza más por evitar dolor que por experimentar placer. Así que a menos que los jóvenes lograran sentir el dolor de las oportunidades perdidas, no verían la necesidad de abandonar su conformismo y deshacerse de sus excusas.

Durante su último año de universidad, Escalante pudo comprobar la efectividad de este método en una sesión en la cual participó junto con los demás estudiantes. Su profesor les había pedido a él y a sus siete compañeros de clase que identificaran un mal hábito del cual quisieran deshacerse.

Deliberaron durante largo rato acerca de las dificultades que existen para eliminar ciertos hábitos como fumar, comer en exceso, la procrastinación y otras conductas autodestructivas. Y aunque todos parecían estar de acuerdo con los efectos nocivos y contraproducentes de dichos comportamientos, finalmente, después de dos horas de discusión, ninguno de ellos se sentía más cercano a tomar la decisión de cambiar su conducta.

Así que el profesor les pidió hacer una lista de todas las secuelas negativas ocasionadas por la presencia de estos malos hábitos en sus vidas. Les propuso que las escribieran en términos muy personales, admitiendo los efectos negativos que dichas prácticas habían tenido en su carácter. Luego les pidió que cerraran los ojos y trataran de proyectar hacia su interior el dolor asociado con permitir que dichos hábitos tomaran control de ellos.

No se trataba simplemente de ser conscientes del mal que estos comportamientos pudieran estar ocasionándoles. Él quería que asimilaran este dolor físicamente; que trataran de sentirlo como una punzada en la boca del estómago; que sintieran el desconsuelo de saber que habían aceptado ser prisioneros de sus malos hábitos.

No les tomó mucho tiempo para llegar allí. Es increíble la rapidez con la cual la mente deja de reconocer que todo lo que está procesando en determinado momento es imaginario y no real. Es algo similar a lo que ocurre cuando estamos viendo una película de suspenso o terror. Las manos comienzan a sudar y se nos aceleran los latidos del corazón, porque la mente ha olvidado que lo que está procesando en ese instante no es más que una película.

"Imagínense ahora cargando con ese dolor por los próximos diez o veinte años, o por el resto de su existencia", había dicho el profesor, y Escalante lo había asimilado como una sentencia.

"¿Tiene algún sentido cargar con toda esa ansiedad, ese sufrimiento físico, mental y emocional, todo como resultado de su incapacidad para deshacerse de ese mal hábito que ha tomado control de ustedes? ¿Están realmente dispuestos a pagar ese precio tan alto?"

Escalante sintió un escalofrío en todo su cuerpo. En ese instante comprendió que podía disfrazar su mal hábito de mil maneras, ignorarlo por algún tiempo e inclusive, pretender que no existía, pero mientras no lo erradicara, siempre estaría ahí, produciendo ese mismo dolor, día tras día.

Comprendió que si quería deshacerse de ese dolor, debía dejar de hablar de lo que no había podido hacer y tenía que comenzar a actuar.

Eso era lo que ahora quería hacer con sus alumnos. Él sabía que sin acción, las buenas intenciones sólo logran intensificar nuestra mediocridad, haciéndonos sentir incapaces. Lo único que les permitiría a los jóvenes realizar un cambio total era si el dolor de cargar con sus excusas era tan intenso que la única opción real fuera matar sus vacas.

Cuando los chicos abrieron los ojos nuevamente, era obvio que muchos de ellos habían logrado experimentar el dolor de sentirse prisioneros de sus propias excusas. Escalante esperaba que esto los llevara aún más cerca de tomar la decisión de eliminar las excusas que hasta entonces habían venido controlando su manera de pensar y actuar.

***

Richard levantó la mano. "Si, como usted indicó en su tesis, las dos fuerzas que nos motivan son el deseo de triunfar y el temor al fracaso, ¿no sería igualmente beneficioso visualizar todos los efectos positivos que puedan venir como resultado de deshacernos de nuestras vacas? Yo sé que usted dijo que la razón del paso anterior es que las personas hacen más por evitar el dolor que por experimentar placer, pero pienso que no estaría de más ver el lado positivo".

"Muy bien dicho, señor Romero", dijo mientras escribía:

Cuarto paso: Haz una lista de todos los resultados positivos que vendrán como consecuencia de matar tus vacas

"¿Qué les parece si por un momento nos damos la oportunidad de visualizar una vida libre de vacas?" Todos parecieron animarse con esta idea.

"Quiero que escriban todas las nuevas oportunidades que vendrán como resultado de liberarse de sus excusas. ¿Qué nuevas aptitudes podrán desarrollar? ¿John, qué nuevos sueños te atreverás a soñar y perseguir como resultado de no contar ya más con ese pretexto que te mantenía atado a una vida que no era la tuya? ¿Albert, Mathew, cómo transcurrirán sus vidas ahora que saben que ustedes están en control?

Deseo decirles que este paso es importante no sólo por las razones a las cuales Richard ha aludido. Tengan la plena seguridad que esta lista que están haciendo les va venir muy bien en algún momento. Matar sus vacas no es tan fácil como parece; exige disciplina, dedicación y constancia. En ocasiones se sentirán frustrados, porque caerán nuevamente en los mismos viejos hábitos y deberán levantarse y empezar de nuevo. Esta lista que les estoy pidiendo que realicen en este cuarto paso, les servirá de inspiración y motivación cuando se sientan desfallecer. Léanla siempre que deseen ver cuál es la recompensa que les aguarda por deshacerse de sus excusas, así que cárguenla siempre.

Hace algún tiempo estaba ayudando a una amiga mía a descubrir el impacto positivo de matar su vaca de 'no tengo tiempo para ir al gimnasio'. Ella pesaba más de cuarenta libras por encima de su peso ideal; y a pesar de saber lo que esto le estaba costando, no se sentía motivada para hacer lo que sabía que tenía que hacer.

He aquí algunos de los resultados positivos que logramos identificar en su lista:

- Tendré más energía y dinamismo durante el día.
- Luciré espectacular y tendré una mejor autoestima.
- No estaré constantemente cansada.
- Tendré una vida larga y saludable.
- Seré mucho más creativa y dinámica en mi trabajo.

Ella fue capaz de identificar más de una docena de razones que le ayudaron a encontrar el tiempo necesario para ir al gimnasio, y la han mantenido inspirada y motivada a mantener su compromiso día a día. Así que escriban chicos".

***

"Esto nos trae al último paso para matar nuestras vacas", continuó Escalante. "¿Alguien cree saber cuál es?"

"A mí me parece, dijo Gaby, "que si ya sabemos qué debemos cambiar y por qué debemos hacerlo; si hemos identificado las consecuencias negativas de no hacerlo y los beneficios de cambiar nuestra conducta, lo único que resta por hacer es actuar, establecer nuevos patrones de comportamiento".

"Eso me suena muy bien", dijo Escalante y luego escribió:

Quinto paso: Establece nuevos patrones de comportamiento

"Hasta ahora el patrón de comportamiento que hemos venido utilizando es casi siempre el mismo. Cada vez que tenemos frente a nosotros un reto, un sueño, una tarea o cualquier otra oportunidad, en lugar de actuar decidida y prontamente, la primera opción es buscar una excusa o pretexto que nos ayude a justificar la falta de acción.

Entonces, lo que necesitamos hacer es cambiar totalmente el patrón de conducta. Debemos lograr que de ahora en adelante la primera opción sea actuar inmediatamente y no permitir que las vacas nos paralicen. De nada sirve ser consciente de nuestras excusas y saber sus efectos negativos, si cuando se nos presenta otra oportunidad, ellas vuelven a tomar control de nuestras acciones".

"Pero profe, no es que cuando yo tengo un reto, me pongo a pensar, 'vamos a ver, ¿qué excusa puedo utilizar?'", afirmó Albert, "el problema es que estas excusas salen a flote de manera casi automática, a veces sin que yo sea consciente de ello, y cuando me doy cuenta ya es demasiado tarde".

"Buena observación señor López; es por esto que este quinto paso es vital. Necesitamos estar preparados para saber cómo responder cuando se nos presente cualquier reto u oportunidad. Debemos lograr que el reflejo automático no sea una excusa sino una acción que nos ponga en control".

Julia levantó la mano. "En el primer paso decíamos que las vacas se reconocen en nuestra expresiones. Entonces lo que podemos hacer es preparar una frase que sustituya la excusa que usualmente utilizamos, de manera que cuando esa excusa salga a flote, podamos detenernos en el acto, sustituirla por el nuevo concepto y actuar de acuerdo a él".

"¡Excelente idea! ¿Alguien nos podría dar un ejemplo?"

"Si nuestra vaca ha sido la excusa que identificamos antes: 'que todo el mundo lo hace, entonces, ¿por qué no yo?', la próxima vez que nos sintamos tentados a hacer algo, aún sabiendo que nos está haciendo daño, y comencemos a pensar que no hay problema porque todo el mundo lo hace, podemos interrumpir ese pensamiento inmediatamente, y decir algo como: 'No permitiré que esta excusa siga rigiendo mi vida. Estoy en control. Así sienta que todo el mundo lo hace, seré diferente y me mantendré al frente de mis acciones'".

"Bravo señor López. Se está usted convirtiendo en un verdadero poeta", dijo Escalante en tono de broma. Albert sonrió, sintiendo que algo en su interior había empezado a cambiar durante las últimas semanas.

"¿Si ven? La mente es como un jardín en el cual podemos plantar cualquier tipo de pensamiento que queramos. Podemos sembrar un sueño o una excusa. Sin embargo, si cuando nos deshacemos de las disculpas, no implantamos nuevas ideas, creencias o comportamientos positivos, pueden estar seguros que, poco a poco, sus vacas comenzarán a hacer nuevamente su aparición.

Así que frente a cada una de las vacas que ya identificaron escriban las acciones específicas que piensan llevar a cabo para deshacerse de ellas y también cómo van a responder en caso que alguna volviera a mostrar su horrible cara.

Creo que hemos hecho suficiente por un día. No olviden que el próximo jueves es nuestra última reunión. Así que, Carpe Diem"

Capítulo Doce

¡Que comience el juego!

Cuando los chicos llegaron al salón de clase, encontraron el tablero dividido en tres columnas:

VACAS	RETOS	NUEVAS ACCIONES

En la parte de abajo, en típico estilo John Keating, Escalante había escrito:

> No estoy seguro a qué hora llegaré, pero ya saben lo que necesitan hacer. Así que adelante jóvenes arquitectos. ¡Carpe Diem! - El Profe Willy

Durante varios minutos los jóvenes permanecieron sentados mirando la pizarra sin decir nada.

"Creo que el profe Willy espera que tengamos algo terminado cuando él llegue", dijo Gaby, "¿alguien tiene alguna idea con la cuál podamos empezar?"

"¿Por qué no escribimos todas las vacas que hemos logrado identificar? Ese puede ser un buen punto de partida", dijo Albert, caminando hacia el tablero.

"Obviamente, la primera es: 'todo el mundo lo hace'", dijo Andrew, recordando su presentación de unas semanas atrás.

"Mis amigos me obligaron a hacerlo", señaló Verónica, leyendo de la lista que ella y Julia compartieron con todo el grupo días antes.

Así continuaron escribiendo muchas de las excusas que habían logrado identificar durante esas semanas. Cuando terminaron, habían escrito 28 de ellas.

1. Todo el mundo lo hace.
2. No pude evitarlo, mis amigos me obligaron a hacerlo.
3. Lo hice sólo para experimentar a ver qué es de lo que todos hablan.
4. No es mi culpa; eso no es problema mío.
5. Es la única válvula de escape que tengo.
6. Sé que está mal hacer esto, pero... sólo se es joven una vez.

7. Es sólo para relajarme un poco; es mi manera de lidiar con el estrés del colegio.

8. No quiero ser el único santurrón del grupo.

9. Es el único vicio que tengo, no veo por qué debo privarme de él.

10. Esto no se puede considerar en realidad una droga; si hasta la venden en las farmacias.

11. Me da miedo exponerme a las críticas de los demás.

12. La culpa es de Hollywood que le mete a uno esos vicios por los ojos.

13. No es lo que quiero hacer con mi vida, pero lo haré para no defraudar a mis padres.

14. La culpa es de mis profesores que no me han motivado lo suficiente.

15. Nadie en mi familia ha ido a la universidad, ¿qué me hace pensar que yo seré capaz de lograrlo?

16. Es imposible, yo nunca podría lograrlo; simplemente no puedo.

17. Cualquier cosa menos hablar en público, yo no tengo la personalidad para eso.

18. Olvídalo, no nací con talento para las artes, soy pésimo para cualquier cosa que requiera creatividad.

19. No hay ningún afán, ya veremos más adelante qué nos depara la vida.

20. La culpa fue de las presiones externas, yo simplemente soy la víctima.

21. Yo tengo cero habilidades para los idiomas, toda mi vida he sido malísimo en ese aspecto.

22. ¿Por qué pelear contra la tentación si de todas maneras lo vas a hacer?

23. Yo no tengo el talento ni las habilidades físicas que se requieren para ese deporte.
24. Nunca he sido buena para las matemáticas; creo que lo mío es genético.
25. Aquello es muy difícil, mejor busquemos algo más fácil.
26. No lo sabía; no fue mi culpa porque nadie me lo advirtió.
27. Todavía no tengo que preocuparme por mi futuro, aún soy joven y tengo tiempo de sobra.
28. Soñar es cosa de ilusos; es mejor mantener los pies en la tierra y ser realistas.

Probablemente no hablarían de todas ellas. Además algunas no eran sino diferentes versiones de la misma excusa, así que decidieron reducir el número a las diez vacas más comunes, de manera que cada uno de ellos pudiera presentar una.

El siguiente paso era identificar los verdaderos retos que se ocultaban tras estas excusas. Sin duda, este prometía ser un paso mucho más difícil. Después de quince minutos de leer y releer la lista que habían escrito, nadie parecía dispuesto a aventurarse a proponer uno de los posibles "retos". Media hora más tarde la columna del medio continuaba vacía y algunos estaban empezando a quedarse dormidos sobre sus mesas de trabajo.

De repente, Richard saltó de su asiento.

"¡Lo tengo!"

Todos voltearon a mirarlo con gran expectativa.

"La respuesta es tan obvia que me sorprende que no la hayamos podido encontrar antes", dijo, como pensando en voz alta.

"¿Y?" Preguntó Julia, "¿la vas a compartir con nosotros o nos vas a mantener en ascuas?"

"¡No esperarás que los prive de la satisfacción de encontrar la respuesta por sus propios medios!".

"¡Ay Dios mío! Ahora tenemos a Escalante Junior", bromeó Julia.

"¡Ya la encontré!" Dijo Gaby. "Tienes razón", añadió dirigiéndose a Richard. "La verdad es que el profe Willy ha venido dándonos la respuesta desde la primera reunión".

"Bueno ya; ¿vas a decirnos qué has descubierto, o vas a continuar el juego de Richie?, añadió Albert, comenzando a dar señal de estar perdiendo la paciencia.

"¿Cuáles son los retos detrás de esta multitud de vacas?", presionó Mathew, ansioso de descubrir lo que para sus dos compañeros parecía obvio.

"Querrás decir: ¡Reto...! ¡Singular!", indicó Richard con una sonrisa que delataba su intención de seguir divirtiendose con este juego un rato más. Gaby le hizo un gesto de complicidad revelando que ella también estaba dispuesta a esperar un poco más antes de compartir la respuesta que había estado frente a sus narices desde que entraron".

"¿Estás queriendo decir que el reto es uno solo?" Preguntó Sophia incrédula. "Pero si el profe siempre dijo que detrás de cada vaca se encuentra el verdadero reto con el cual no estamos dispuestos a lidiar. Así que, escondiéndose tras de cada una de las 28 vacas que hemos identificado debe hallarse ese reto, ¿no es así?"

"A menos que el reto que todas ellas ocultan sea el mismo", respondió Gaby caminando hasta encontrarse frente al tablero.

"Lean con cuidado todas las vacas que hemos escrito. ¿Qué tienen en común?"

"¿Hay alguna idea que se repita en todas ellas?", insistió Richard.

John Alexander pasó su mirada sobre la lista que Albert había escrito, deteniéndose momentáneamente en aquellas excusas que él mismo aportó, tratando de encontrar algo en común. De repente pensó que si el reto era el mismo, como aseguraban Gaby y Richard, no tenía que preocuparse por examinar cada una de ellas. Sólo con examinar la suya podría encontrarlo.

Su vaca había sido la falsa creencia que si no estudiaba para abogado, que era lo que su padre quería, terminaría defraudando a sus padres. Sin embargo, como había descubierto un par de semanas atrás, lejos de defraudarlos, la respuesta de ellos fue positiva, a tal punto que en los últimos días habían estado investigando con su papá, algunas opciones de buenas universidades en las artes y la música. ¿Pero cuál era el reto? ¿Cuál había sido su reto?

"¡Ya lo encontré!" Gritó con tal entusiasmo que por poco se cae de su asiento.

"Un iluminado más", dijo Gaby, invitándolo a salir al frente y unirse a ella y a Richard.

Así, uno a uno fueron saliendo al frente todos los jóvenes hasta que Julia y Verónica, que habían estado mirando su lista y hablando en voz baja, finalmente saltaron de alegría y corrieron hacia el frente del salón de clase.

"Porque veo al final de mi rudo camino que yo fui el arquitecto de mi propio destino", dijo Julia muy poéticamente, para que no les cupiera ninguna duda a los demás que ellas también habían encontrado la respuesta.

Un sonoro, "¡Bravo!" se escuchó proveniente del pasillo. Un instante más tarde el profe Willy apareció por la puerta con la misma mirada complaciente del padre que ve con orgullo por primera vez cómo su hijo se aleja sobre su bicicleta, manteniendo el equilibrio sin su ayuda.

"Nunca dudé que todos ustedes pudieran encontrar la respuesta. El mayor reto que enfrentan los jóvenes de hoy es: *'¡Atreverse a aceptar la responsabilidad de ser los arquitectos de su propio destino!'*", dijo mientras lo escribía en la columna del medio.

"Todas estas 28 vacas que lograron identificar, y las decenas más que olvidaron, no son más que excusas, pretextos y justificaciones que utilizamos toda vez que queremos evitar lidiar con la responsabilidad de ser constructores de nuestro destino. Yo creo que la pregunta que debemos responder ahora es: ¿qué significa exactamente 'ser arquitectos de nuestro propio destino'? Quiero que cada uno de ustedes me dé una respuesta".

Julia se apresuró a levantar la mano. "Aceptar que nuestro éxito es nuestra responsabilidad, y no la obligación de nuestros padres o nuestros profesores... ¡sino nuestra!".

"Entender que las malas decisiones que hemos tomado han sido nuestras, y no han sido la culpa de los amigos o compañeros, sino que hemos sido nosotros los que hemos decidido actuar así, y que sólo nosotros podemos cambiarlas y darle un vuelco a nuestra vida", agregó Gaby.

"Yo creo que ser arquitectos de nuestro propio destino", dijo John Alexander, "es defender nuestros sueños a capa y espada y no renunciar a ellos por temor a lo que los demás puedan pensar".

"Bien dicho señor Rizzo", dijo Escalante.

"¿Andrew?"

"Para mí significa que por intensas que puedan parecer las presiones del mundo exterior, de los medios y del círculo de amigos, nosotros siempre tenemos la última palabra y podemos rehusarnos a hacer cualquier cosa que no queramos o que sintamos que va en contra de nuestro valores".

Escalante sonrió al escuchar esto. Él tenía claro que esa era una de las lecciones más importantes que los chicos podían aprender: saber que la integridad tiene mucho más valor que la aprobación. Podemos creer que el complacer a los demás es el camino más fácil, pero la cruda realidad es que es una senda ardua, que sólo conduce a la neurosis y la insatisfacción, porque siempre estaremos viviendo en función de lo que los demás crean y no basados en nuestros propios valores y principios.

Hacía falta ser muy valiente, pensaba él, para oponerse a algo que uno siente como injusto o inapropiado. Por ello, en su trabajo siempre adoptaba una actitud positiva con los jóvenes cuando se oponían a las reglas sin sentido, y apoyaba su deseo de cambiarlas, en vez de recriminarles por tener esas opiniones.

"Pienso", dijo Albert, "que el reto es entender que nuestro futuro no tiene por qué ser igual a nuestro pasado; que si hay cosas allí que nos han detenido para lograr nuestros sueños o nos han afectado negativamente, podemos deshacernos de ellas de manera que nuestro futuro sea diferente. No estamos condenados a vivir por siempre con los errores del pasado".

"Siguiendo un poco con esta misma idea", dijo Jennifer, "yo agregaría que también es ser conscientes que todos nosotros construimos nuestro medio, nuestras circunstancias y nuestro mundo exterior con nuestra manera de pensar; que el mundo externo no es más que un reflejo del mundo interior, y que si queremos cambiar las circunstancias que nos rodean debemos empezar por cambiar nuestra manera de pensar".

"También es", añadió Verónica con orgullo, "entender que no porque pareciera que todo el mundo a nuestro alrededor se está comportando de cierta manera o tiene ciertas creencias, eso quiere decir que nosotros tengamos que hacer o creer lo mismo. Yo pienso que es ser genuinos con nosotros mismos y no comportarnos de cierta manera sólo para ser aceptados".

"Bravo señorita Aguilera", dijo Escalante. "No deja de sorprenderme lo acertado de sus observaciones".

Recordando una conversación que le dio un giro total a su vida, Mathew se sintió inspirado a compartir algo que se había guardado hasta entonces por temor a lo que los demás pudieran pensar. "Para mí, el reto es entender que no es suficiente con hacer el menor esfuerzo posible. Mi entrenador me dijo una vez que el enemigo de lo extraordinario era lo bueno. Yo creo que ser arquitecto de su propio destino es no contentarse con lo bueno, sino apuntar siempre a lo extraordinario. A lo mejor no siempre se logra lo que se persigue, pero por lo menos está uno satisfecho de saber que ha realizado su mejor esfuerzo".

"En mi opinión, es tomar el tiempo para identificar con absoluta certeza qué es lo que deseamos hacer con nuestra vida, qué queremos ser, tener y hacer", enfatizó

Sophia, poniéndose de pie para poder mirar a todos sus compañeros a los ojos. "Pero hacerlo ya mismo, no esperar, creyendo que aún estamos muy jóvenes para tomar ese tipo de decisiones".

Richard tenía muy claro qué era 'ser arquitectos de nuestro propio destino'. "Por sobre todo", expresó emocionado, "es expandir los límites de lo que consideramos posible, y no apurarnos a admitir que no somos capaces de hacer algo, que no somos buenos para esto o lo otro, o que algo es imposible. Es enfocarnos en nuestras fortalezas y no en nuestras debilidades, pero también es entender que para desarrollar esas fortalezas debemos estar dispuestos a pagar el precio en términos de lo que debemos aprender".

Escalante escuchaba orgulloso las palabras de estos jóvenes que en sólo unas semanas habían logrado tal madurez que ahora se sentían con la capacidad para alcanzar cualquier meta. Él sabía que aún faltaba mucho por hacer, pero el primer paso, que era asumir por completo la responsabilidad de su desarrollo interior, ya se había dado. Era vital aprender desde temprano que sólo ellos podían controlar lo que ocurría en su interior; que todo lo que pensaran, sintieran e hicieran se hallaba bajo su control. Una vez que tuvieran esa convicción, y empezaran a vivir rigiéndose por esta proposición fundamental, estarían encaminados hacia una existencia plena.

Sin duda, esta sería una experiencia difícil de olvidar. Ahora sólo restaba ver cómo este cambio influiría en las vidas de sus demás compañeros de colegio. Escalante sabía que una persona comprometida podía cambiar el mundo; que cuando tenemos jóvenes libres del peso de las excusas y la mediocridad pueden suceder cosas increíbles en nuestras sociedades.

¡Cambiar el mundo! ¡Qué gran idea! Un mundo libre de excusas y limitaciones; un mundo libre de vacas. John Keating y los alumnos de la Academia Weldon sabrían apreciar una meta de ese tamaño.

Escalante recordó el viejo poema de Nervo, que tanto impacto tuviera en su propia vida; qué significativas resultaban ahora aquellas líneas:

Muy cerca de mi ocaso, yo te bendigo vida, porque nunca me diste ni esperanza fallida, ni trabajos injustos, ni pena inmerecida.

Porque veo al final de mi rudo camino, que yo fui el arquitecto de mi propio destino; que si extraje las mieles o la hiel de las cosas, fue porque en ellas puse hiel o mieles sabrosas; cuando planté rosales siempre coseché rosas.

Cierto; a mis lozanías va a seguir el invierno, mas tú no me dijiste que Mayo fuese eterno. Hallé sin duda, largas las noches de mis penas, mas no me prometiste tú sólo noches buenas, y en cambio tuve algunas santamente serenas.

Amé; fui amado. El sol acarició mi faz.

Vida, nada me debes. Vida, estamos en paz.

Cambiar el mundo... un gran reto, sin duda, pensaba el profe Willy mientras se alejaba por el pasillo, recordando la timidez y apatía que mostraran los chicos durante esa primera reunión. Repasaba el largo camino que habían recorrido como grupo y personalmente para llegar a donde hoy se encontraban. Era claro que cada uno de ellos, a su modo, había logrado cambios extraordinarios en su manera de pensar y estaba tomando decisiones que, seguramente, marcarían el resto de sus vidas.

Cambiar el mundo... murmuró, mientras reflexionaba acerca de cuánto había aprendido de ellos en esas pocas semanas. *Il professore apprende dai suoi disepoli.*

En la sala de clase se escuchaba aún el bullicio de los jóvenes, planeando los últimos detalles de su presentación.

Cambiar el mundo...

Otros libros del autor

Los genios no nacen...
¡SE HACEN!
Cómo programar tu mente
para triunfar y ser feliz
Camilo Cruz
ISBN: 1-931059-64-0

Esta obra es una guía práctica para despertar ese genio que todos llevamos dentro. En sus páginas encontraremos estrategias que nos permitirán cultivar y desarrollar aquellas capacidades mentales necesarias para alcanzar el éxito y la felicidad.

A través de los siglos, el ser humano ha buscado responder una de las mayores incógnitas acerca de sí mismo; el verdadero poder que reside en su mente, y el papel que ella juega en el logro de su éxito y felicidad personal. Lo cierto es que todos somos genios en potencia y podemos alcanzar mucho más de lo que hasta ahora hemos logrado. Sin embargo, buscamos fallidamente fuera de nosotros algo que siempre se encontró en nuestro interior: el secreto para vivir una vida plena y feliz.

Otros libros del autor

LA VACA
Camilo Cruz
ISBN: 1-931059-63-2

En el libro La Vaca del Dr. Camilo Cruz, la vaca representa toda excusa, miedo, justificación o pretexto que no les permite a las personas desarrollar su potencial al máximo y les impide utilizar el máximo de su potencial para construir empresas exitosas.

"El verdadero enemigo del éxito no es el fracaso, como muchos piensan, sino el conformismo y la mediocridad. Todos cargamos con más vacas de las que estamos dispuestos a admitir; ideas con las cuales tratamos de convencernos a nosotros mismos y a los demás, que la situación no está tan mal como parece; pretextos para justificar por qué estamos donde estamos; excusas que ni nosotros mismos creemos, con las que pretendemos explicar por qué no hemos hecho lo que sabemos que tenemos que hacer".

- Más de dos millones de personas han sido impactadas-positivamente por esta espectacular historia;
- Traducido a más de una docena de idiomas;
- Ganador del Latino Book Award al mejor libro de autoayuda en español en Estados Unidos.